UN VOYAGE

DE QUINZE JOURS

AU

CŒUR DE LA VIEILLE FRANCE

PAR

le Vicomte A. d'AVOUT

INSPECTEUR DIVISIONNAIRE DE LA SOCIÉTÉ FRANÇAISE D'ARCHÉOLOGIE,
MEMBRE DE L'ACADÉMIE DES SCIENCES,
ARTS ET BELLES-LETTRES DE DIJON
ET DE LA COMMISSION DES ANTIQUITÉS DE LA CÔTE-D'OR.

DOMOIS-DIJON
IMPRIMERIE DE L'UNION TYPOGRAPHIQUE

UN VOYAGE

DE QUINZE JOURS
AU CŒUR DE LA VIEILLE FRANCE

Le Congrès archéologique de 1905 nous réunissait à Beauvais, au cœur de cette *Ile*-de-France bien dénommée, car autour de cet *îlot* ou noyau central vinrent se grouper, se coaguler, sous l'impulsion puissante et habile de la Royauté, les divers éléments dont la réunion devait former notre patrie. C'est donc à l'incarnation de la Vieille France que nous voulons rendre visite. Superbes cathédrales et modestes églises de village, vieilles forteresses ruinées ou savamment reconstituées, abbayes jadis puissantes et dont il ne reste plus que l'armature de pierre, tel est le groupe de merveilleuses attractions à travers lesquelles nous allons évoluer pendant quinze jours. Nous en rapportons les plus attachants souvenirs, et nous avons pensé intéresser nos lecteurs, en leur faisant part de nos impressions.

De même qu'à Orléans tout gravite autour de Jeanne d'Arc, à Beauvais, la ville entière est imprégnée du souvenir de Jeanne Hachette. La statue en bronze, œuvre de Vital-Dubray (6 juillet 1851), se dresse au centre de la ville, sur la Grand'place : au pourtour, le merveilleux décor des maisons au pignon pointu, crénelé en escalier, un avant-goût des Flandres. L'héroïne tient d'une main l'étendard qu'elle vient d'arracher à l'assaillant ; de l'autre elle brandit sa hachette. Le geste est beau, l'idée l'est encore plus : une femme repoussant l'ennemi, sauvant par son initiative courageuse une ville qui, dans le moment, constitue le boulevard de la capitale. Assurément, pour nous Bourguignons, le souvenir est fâcheux ; nous ne pouvons oublier que, dans cette journée, l'assaillant fut le dernier de nos Ducs ; mais, à plus de quatre siècles de date, alors que tous les patriotismes locaux se sont fondus dans la grande idée de commune patrie, cette glorification de notre défaite n'a plus rien d'offensant ; nous pouvons l'envisager avec calme ; bien plus, le visiteur a intérêt à l'étudier, et peut-être y trouvera-t-il l'occasion de rectifier quelque erreur.

On était au mois de juin 1472. Il y avait trève entre France et Bourgogne ; Louis cherchait à détacher Charles de l'alliance avec les ducs de Bretagne et de Guyenne : il lui faisait des offres séduisantes, lui promettait la restitution d'Amiens et des villes de la Somme, c'est-à-dire la stricte exécution du traité d'Arras déjà plusieurs fois violé ; flatté par tous, Charles se laissait leurrer..... Tout à coup se répand une terrible nouvelle : le duc de Guyenne frère du Roi est mort ; il y a de graves soupçons d'empoisonnement : *is fecit cui prodest*..... Et le Roi de ne plus parler de traité ni d'arrangement avec le Duc. « Quand le gibier est pris, dit-il cyniquement, il n'y a plus de serment à jurer ».

Charles entre en fureur de se sentir joué ; on sait que ses colères sont terribles ; il passe la Somme, et se présente devant Nesle. La petite ville a pour garnison 500 francs-archers du pays ; faisant tort aux brocards de Villon, le franc-archer se défend vaillamment, vingt-quatre heures seulement il est vrai ; dès le lendemain la capitulation s'impose. Il y a désordre, conflit, finalement massacre ; tout est brûlé, l'église ruisselle de sang, regorge de cadavres, et ce jour-là Charles échange son surnom de *Hardi* contre celui de *Terrible*, en attendant que la postérité lui décerne celui de *Téméraire*.

De Nesle, le Duc vient devant Roye. La place est mieux garnie, 1400 francs-archers et 200 lances ; mais l'exemple de Nesle porte ses fruits : le franc-archer terrifié refuse de combattre ; il faut se rendre, heureux d'avoir la vie sauve. — Montdidier ouvre ses portes sans plus de résistance. Charles voulait gagner la Normandie, pour donner la main au duc de Bretagne ; mais Beauvais est sur son chemin ; la tentation est grande de se rapprocher de Paris ; le 27 Juin au matin, l'avant-garde conduite par Philippe de Crèvecœur sire d'Esquerdes, *aliàs* des Cordes, arrive sous les murs de la ville. Des relations circonstanciées du siège nous ont été conservées ; les *Mémoires* de Comines donnent force détails ; il est donc permis de reconstituer l'événement dans toutes ses phases.

L'armée du Duc était formidable, 80.000 hommes, assurent les contemporains, pourvus d'une nombreuse artillerie ; on sait quel soin nos Ducs prenaient des engins de guerre. Beauvais au contraire se trouvait dépourvu ; le Connétable était hors de la ville, et n'eussent été Balagny et quelques gentilshommes de l'arrière-ban, sortis de Roye après capitulation, elle se présentait absolument sans défense. Mais le sort de Nesle avait instruit les habitants ; on ne pouvait compter sur la bonne foi bourguignonne ; on résolut de se défendre. Le faubourg Saint-Quentin est emporté ; la porte Limaçon résiste ; un terrible assaut se livre à la porte de Bresles ; le canon a fait brèche, les

Bourguignons tentent l'escalade. C'est là qu'une fille de Beauvais, Jeanne Laisné, arrache des mains d'un assaillant l'étendard qu'il allait planter sur la brèche, et d'un coup de hachette le renverse dans le fossé.

— Pendant ces péripéties, la châsse de sainte Angadrème, patronne de la cité, était portée processionnellement sur le rempart.

Charles est arrivé le soir même sous les murs de la ville, il voit ses troupes repoussées ; dans le même moment entrent dans Beauvais 200 lances des Ordonnances du Roi. Cent autres lances surviennent le lendemain, sous les ordres de Messire Joachim Rohault, seigneur de Gamaches, Maréchal de France, qui prend le commandement de la place. Le surlendemain, de nouveaux et nombreux secours ; la ville ne peut plus être forcée, il faut procéder à un siège en règle.

Grande est la déception du Duc, qui cherche à écraser la ville sous son artillerie. « Elle tira conti« nuellement l'espace de quinze jours environ, dit « Comines, et fut la place aussi bien battue que ja« mais place fut. » Mais en vain. Beauvais résiste sans faiblir ; le sire d'Estouteville, prévôt de Paris, a pris à son tour le commandement ; l'artillerie beauvaisine fait merveille ; les femmes se tiennent sur le rempart pour encourager leurs maris; elles-mêmes prennent part à la lutte, et repoussent de nouveau l'assaut.

Des ambassadeurs anglais viennent visiter le Duc dans son camp ; il leur montre ses nombreux canons : « Vous voyez, Messieurs, les clés des bonnes villes de France. » Et le fou du Duc de fureter avec inquiétude : « Que cherches-tu ? demande Charles. — « Monseigneur, je cherche les clés de Beauvais. » La vérité sortait à cette époque de la bouche des fous, qui, le plus souvent, ne l'étaient que de nom. — D'ailleurs, les mesures du Duc avaient été mal prises dès le début ; maintenant que le découragement gagne son armée, que les secours arrivent de toutes parts à la place, il est trop tard pour y remédier. Au bout de vingt-quatre jours, l'armée leva le siège et *partit en bel ordre*, nous dit Comines, pour se rabattre sur Eu, St-Valery et Neufchâtel, qui furent brûlés, ainsi que tout le pays de Caux, jusqu'aux portes de Rouen ; la Normandie payait pour Beauvais. Le siège avait coûté cher à Charles : 3.000 hommes restés sur le carreau, parmi eux les sires de Cléron, de Renty, de Rully, d'Epiry, le grand bailli de Hainaut, le sire Jacques d'Orson grand-maître de l'artillerie, et nombre de personnages notables.

Le roi reconnut et récompensa largement la valeur des habitants de Beauvais. Dès le mois de Juillet 1472, quelques jours après la levée du siège, il les exonérait de toutes tailles et impositions établies ou à établir par lui ou ses successeurs, leur concédait le privilège de fiefs nobles avec dispense de l'arrière-ban, et en outre la charge de garder militairement leur ville. L'année suivante, une ordonnance royale sollicitée par les habitants, instituait la procession solennelle de l'*Assaut*, laquelle eut lieu pour la première fois le 27 Juin 1473, les femmes y prenant le pas sur les hommes. Enfin des Lettres patentes données à Senlis le 22 Février 1473 déclaraient francs, quittes et exempts de toutes tailles, leur vie durant, *les dicts Colin Pilon et Jehanne Laisné fille de Mathieu Laisné sa femme, demeurant en notre ville de Beauvais, pour considération de la bonne et vertueuse résistance qui fust faicte l'année dernière passée par nostre chère et bien aimée Jehanne à l'encontre des Bourguignons nos rebelles et désobéissants sujets, qui la dicte année s'efforcèrent surprendre et gaigner sur nous, par puissance de siège et d'assault, nostre dicte ville de Beauvais, tellement que en donnant les dicts assaults, elle gaigna et retira devers elle un estendart ou bannière des dicts Bourguignons*..... Les Lettres patentes ont malheureusement disparu : mais des inventaires de 1492 et 1536 les relatent ; elles avaient été copiées littéralement par l'historien beauvaisin Loisel qui les reproduisait en 1609, et, à défaut des Lettres elles-mêmes, les Archives municipales de Beauvais ont conservé l'acte d'entérinement des dites Lettres, daté du dernier jour de Mai 1474. Tous les historiens contemporains et subséquents, parmi ces derniers Mézerai, le Père Daniel, Sismondi, parlent de la courageuse résistance des femmes de Beauvais, et donnent le nom de l'héroïne. Comines seul est muet sur ce point ; mais, fait-on remarquer avec raison, il n'assistait pas au siège, et peut-être, ajouterons-nous, tenant pour la Bourgogne, n'a-t-il pas voulu que la postérité pût dire de son Duc, qu'il avait été vaincu par des femmes.

Quoi qu'il en soit, le fait est indéniable, et la polémique soulevée il y a neuf ans par un journal de Paris, lequel posait audacieusement la question : — Jeanne Hachette a-t-elle vraiment existé ? — cette polémique n'a aucune raison d'être, et, à part l'indignation très justifiée des habitants de Beauvais, n'a éveillé qu'un médiocre intérêt.

La procession, célébrée pour la première fois, avons-nous dit, en 1473, dura jusqu'à la Révolution. La tradition fut reprise en 1806, interrompue de nouveau de 1830 à 1849, enfin définitivement rétablie et maintenue depuis cette époque, avec une distinction toutefois : c'est que les deux cérémonies, procession de l'Assaut et procession de Sainte Angadrème, qui jadis se célébraient séparément les 27 juin et 24 octobre de chaque année, ont été, à partir de 1849, réunies en une seule.

Notre présence à Beauvais coïncidait avec les fêtes de Jeanne Hachette, fixées cette année au 25 juin ; nous n'avions garde d'y manquer.

Dès la veille et le matin, la solennité est annoncée par des salves d'artillerie et la cloche du beffroi. A deux heures, la foule se groupe sur l'immense place carrée, faite à souhait, semble-t-il, pour une imposante cérémonie. Une haute estrade, adossée à la façade de l'Hôtel-de-ville, nous permet de n'en perdre aucun détail. Un bataillon d'infanterie s'aligne en carré au pourtour de la place. Bientôt apparaissent les deux cortèges, accompagnés chacun d'une délégation du conseil municipal : d'un côté, le cortège ecclésiastique où se groupent les pensionnats et communautés religieuses avec leurs bannières, les jeunes filles de l'Hospice, dont l'une, par suite d'une tradition touchante, porte l'étendard de Jeanne Hachette, le clergé des paroisses entourant la châsse de Sainte Angadrème, l'Evêque, mitre en tête, crosse à la main ; de l'autre, le cortège laïque, sociétés de gymnastique, enfants des écoles. Ils se rangent parallèlement l'un à l'autre, sur les deux grandes faces de la place. Les autorités civiles et militaires sortent de l'Hôtel-de-Ville, et vont se placer devant la statue de Jeanne. Le coup d'œil est superbe, singulièrement attachant ; tous les personnages marquants d'une cité, voire même la population tout entière, oubliant un moment leurs rivalités, leurs divergences d'opinions, pour s'unir en la glorification d'un même souvenir, celui de l'héroïne qui a sauvé la ville ; et l'étendard est là, flottant au vent, personnifiant cette même héroïne.

Deux pièces d'artillerie sont rangées en bataille devant l'Hôtel-de-Ville. Successivement cent jeunes filles se détachent, conduites chacune par un officier, un fonctionnaire ou un conseiller municipal, et viennent processionnellement mettre le feu aux pièces. Ici encore, tous les rangs de la société sont confondus en une touchante fraternité, les élégantes jeunes filles en fraîche toilette, et les humbles pensionnaires de l'Hospice en simple robe bleue couverte d'un voile blanc ; et le canon de tonner, les fanfares de faire retentir leurs accords, les étendards des confréries de s'incliner devant le drapeau de Jeanne qui, après avoir été, lui aussi, *à la peine*, est en ce jour, *à l'honneur*. — Il n'est plus de mode aujourd'hui, de s'émouvoir à pareil spectacle. Certains peuvent sourire, et murmurer le mot irrespectueux de *parade*. Je ne suis pas, je l'avouerai hautement, de ces sceptiques ; les cérémonies de ce genre, où vibre l'âme de tout un peuple, m'affectent toujours profondément ; et sans vouloir établir de comparaison, si je me suis jadis, à la représentation de *La Passion* d'Oberammergau, senti ému et troublé jusqu'au fond de l'âme, jusqu'aux larmes, ici encore, j'ai ressenti une vive émotion, et n'ai point cherché à la refréner.

La fête est terminée ; les deux cortèges s'écoulent, l'étendard de Jeanne est rapporté à l'Hôtel-de-Ville. Un instant il m'est permis de l'examiner de près : — Il est d'un jaune d'or éclatant, s'allonge et se rétrécit en forme de banderole à partir de la hampe. Au sommet, à gauche, les armoiries de Charles-Quint, accostées des deux colonnes d'Hercule ; plus bas, sa devise : *plus oultre (plus ultra)* ; plus bas encore, un écu d'argent au lion de sable couronné d'or, armé et lampassé de gueules. Au centre de la composition, un Saint Laurent appuyé sur son gril ; puis, en continuant vers la droite, deux arquebuses placées en sautoir reliées par un briquet ; un rabot, et finalement, ceinte d'entrelacs, une inscription en lettres gothiques, où des spectateurs complaisants pourraient lire BURG, mais où d'autres moins prévenus ou plus avisés liront BINQ. — Malgré quelques particularités telles que le rabot et le briquet qui rappelleraient la domination de nos Ducs, cet ensemble n'est pas essentiellement bourguignon, pensais-je, et je communique hautement ma réflexion aux personnes qui m'entourent. Maint Beauvaisin se récrie : « Notre étendard est « bourguignon, quel est cet archéologue venu de « loin pour nous le contester ? » D'autres, mieux renseignés gardent le silence ; de fait, j'avais raison, et j'enfonçais une porte ouverte.

Le doute que je venais d'exprimer avait été formulé, il y a longues années déjà, et avec une tout autre compétence, par l'éminent Paulin Paris qui y voyait un fanion espagnol. La société académique de Beauvais se ralliait bientôt à ses conclusions, que venait encore appuyer mon ami le Comte de Marsy, alors Directeur de la Société française d'Archéologie. Le drapeau original, que nul ne conteste avoir été bourguignon, aurait, suivant la tradition, disparu dès l'année 1610 ; celui qui l'a remplacé, serait l'étendard des Arquebusiers de la ville de Binche au comté de Hainaut, qui pris en 1554 pendant les dernières campagnes du règne de Henri II, aurait été donné à la cité de Beauvais, et aurait bientôt occupé, inconsciemment ou non, la place du bourguignon disparu. Nous serions donc en face d'un drapeau espagnol remontant tout au plus à Charles-Quint, et l'habitude qui se conserva longtemps, de dénommer *Bourguignons*, conformément à la tradition historique, les habitants des Pays-Bas espagnols, explique comment le vocable a pu sans peine se perpétuer. Un Belge présent à la discussion me confirmait le fait, déclarant reconnaître effectivement sur l'étendard les armoiries de la ville de Binche, dont la corporation d'Arquebusiers était placée sous le patronage de Saint Laurent (1). Le drapeau de Hainaut fut à son tour atteint de vétusté, et ne pouvait plus être sorti sans danger ; on le répara, on le remisa sous verre dans une salle de l'Hôtel-de-Ville où nous pûmes le contempler. Celui que, depuis 1871, on déploie dans la fête annuelle, en est le parfait fac-simile, sorti de la Manufacture nationale de tapisseries de Beauvais. Et voilà comment, si l'échec des Bourguignons devant Beauvais ne peut être effacé de l'Histoire, nous avons du moins la satisfaction de ne plus voir flotter l'étendard de Bourgogne dans une cérémonie commémorative de notre défaite.

Revenons à des idées plus générales, dont les Fêtes de Jeanne Hachette nous ont un instant détournés. — A l'époque de la conquête romaine, les Bellovaques,

---

(1) V. *Le Drapeau conservé à Beauvais*, par Ern. Mathieu, secrétaire du Cercle archéologique d'Enghien (Belgique). D'après cette brochure, les Archives communales de Binche constatent que le guidon du serment des Arquebusiers de la dite ville fut enlevé en 1554, lors de la prise de Binche par les soldats de Henri II ; de plus elles mentionnent une décision du magistrat de cette ville en date du 20 Juin 1555, con- « tenant remontrance « des harbutiers que, à la prise de la ville, ils « ont perdu leur ghuidon et tambourin de quoy ilz se aydaient pour « aller à l'église aux jours de sacrement et jours de procession, pour « quoy ilz requièrent que pour la procession prochaine ilz puissent avoir « argent pour ravoir nouveau ghuidon et tambourin. » Droit est fait à leur requête.

En réalité, les armoiries de Binche sont de *sable au lion d'argent* ; elles sont interverties sur l'étendard.

habitants de la région, se distinguaient par leur caractère belliqueux : *Bellovaci, qui belli gloriâ Gallos omnes præstabant*, nous dit César. Quoique de longue date amis des Eduens : *Bellovacos omni tempore in fide atque amicitiâ civitatis Æduæ fuisse*, ils n'imitent pas la versatilité de leurs alliés : ils opposent aux Romains une résistance indomptable, ils luttent encore après la chute d'Alésia ; ils lutteront pendant plus d'un siècle, et jusque sous le règne de Tibère. Leur forteresse, *Bratuspantium*, n'a pas été nettement identifiée : on hésite entre Beauvais et Breteuil (1).

Dès la première race, nos Rois s'installent sur les rives de l'Oise. Les Mérovingiens ont leur résidence dans les *villas* ou fermes royales de Compiègne, de Senlis, de Verberie ; ils chassent dans la forêt de Cuise, voisine de Compiègne. Charlemagne se fait couronner à Noyon ; les trois évêchés de Beauvais, Noyon, Senlis deviennent prépondérants ; l'évêque de Beauvais est au XI° siècle, Comte-Pair du royaume. Avec Hugues Capet l'Ile-de-France, avec Philippe VI le Valois deviennent centre et cœur de la France ; mais surgissent la Guerre de Cent ans, et la lutte contre les puissants Ducs de Bourgogne : par la

---

(1) Le caractère belliqueux et indomptable des Bellovaques est très nettement indiqué dans les Commentaires de César ; il en ressort même avec une intensité que nous devons noter, et que relève également l'ouvrage récent, *Vercingétorix*, de M. Jullian : — les Bellovaques demeurent habituellement à part ; ils font la guerre isolément et pour leur propre compte ; ils agissent ainsi lors du grand soulèvement de la Gaule contre César, à l'époque du siège d'Alésia. Imposés à 10.000 hommes de contingent par le Grand Conseil des Gaulois, ils n'en envoient que 2000, et encore ne le font-ils qu'à la prière expresse de Comm, roi des Atrébates, leur voisin et ami : *Bellovaci suum numerum non compleverunt*, nous dit César, liv. VII, paragr. LXXV, *quod se suo nomine atque arbitrio cum Romanis bellum gesturos dicerent, neque cujusquam imperio obtemperaturos*. Ce particularisme égoïste et étroit fut certainement une des causes majeures qui permirent au conquérant romain de triompher de nos ancêtres.

Picardie, cette région de l'Oise est presque province frontière. Au siècle suivant, et bien que Noyon ait donné le jour à Calvin, la contrée reste foncièrement catholique. Elle est troublée par nos luttes intestines, la Ligue, la Fronde, menacée par l'Espagnol maître des Pays-Bas ; mais la frontière s'éloigne, et, sauf dans nos récents désastres, en 1814 et 1815, en 1870, la vallée de l'Oise ne verra plus l'ennemi.

Avec ses 20.000 habitants, médiocrement industrielle, n'était sa manufacture de tapisseries, Beauvais est une ville de bourgeoisie calme, point trop modernisée, ayant su conserver monuments et vieilles maisons. — La Cathédrale est superbe, en son immensité incomplète, un géant de pierre, ou encore, avec Viollet-le-Duc, le *Parthénon de l'architecture française*, plus grande peut-être que Saint-Pierre de Rome, si elle eût été achevée. En l'état actuel, qui dure depuis trois siècles, date des derniers travaux, l'édifice ne comprend que le cœur ceint d'un déambulatoire avec sept chapelles rayonnantes, le transsept et la première travée de la nef; la longueur totale est de 72 mètres, dans lesquels le chœur entre pour moitié (Saint-Pierre a 187 mètres de longueur intérieure). Mais il s'est produit à Beauvais le même phénomène dont ont souffert la majeure partie de nos cathédrales du moyen-âge, construites trop rapidement et en matériaux de qualité fort insuffisante. Comme le fait très bien remarquer Viollet-le-Duc, (*Dictionnaire de l'Architecture* T. I, p. 221 et suiv., T. II, p. 340, 341), au cours des XIIe-XIIIe siècles, on néglige la solidité pour songer surtout à l'élégance et à l'ornementation ; on veut faire vite et à moindres frais. De là les incendies si fréquents à l'époque où les édifices ne sont pas entièrement voûtés ; de là les effondrements qui se succèdent presque siècle par siècle. La première cathédrale de Beauvais, de style roman, est incendiée deux fois, en 1180 et 1225. Celle qui lui succède, voit ses voûtes s'écrouler au milieu du XIII° siècle, par défaut de solidité des contreforts. En 1284 nouvelle catastrophe, nouvelle chute de la voûte causée cette fois par l'extraordinaire élévation des piliers et leur écartement trop considérable ; pour y remédier, on double le nombre des travées en établissant des piliers intermédiaires. La construction dans son ensemble n'est reprise qu'en l'an 1500 ; on élève à la croisée une tour pyramidale de 153 mètres de hauteur totale qui, mal soutenue par les piliers, s'écroule en 1573 ; la nef demeure avec sa travée unique. Elle nous est ainsi parvenue, les échecs antérieurs ayant découragé toute tentative nouvelle d'achèvement.

Donc, à l'extérieur comme à l'intérieur, une magnifique cathédrale gothique malheureusement incomplète, mais n'en présentant pas moins un superbe aspect : 68 mètres de hauteur totale au-dessus du sol, de splendides vitraux, des chapiteaux d'une flore exubérante, une abside d'une élégance incomparable, soutenue par deux rangs superposés d'arcs-boutants à double volée, la poussée s'exerçant sur une pile intermédiaire et sur de fortes culées ouvragées ; les portails, comme le transsept, construits à la Renaissance, et par suite affectant les formes de l'art ogival, sinon de décadence, du moins dans sa dernière transformation.

Le plus ancien édifice religieux de Beauvais, l'un des plus anciens d'ailleurs de l'école française proprement dite, est, à l'ombre et au pied de la cathédrale, la *Basse-Œuvre*, construite dans le mode carolingien à la fin du X° siècle (1) : petit appareil cubique, cordons de briques, fenêtres en plein cintre. A la façade, trois figurines énigmatiques incrustées dans la maçonnerie, et plus haut, dans le pignon, une croix *ancrée*, *fichée*, entre deux petits *oculus*, motif assez rare. L'édifice n'est pas voûté (il était sans doute couvert jadis par une charpente apparente) ; l'abside a disparu ; nef de basilique romaine, séparée des collatéraux par des arcades en plein cintre dépourvues d'ornements, et reposant sur des piliers sans chapiteaux.

L'église Saint-Etienne appartient au XII° siècle, sauf la façade du XIII° et le chœur reconstruit au XVI°. Elle est malheureusement en état de réparations, et ne dévoile qu'imparfaitement ses richesses : de superbes vitraux dont un splendide Arbre de Jessé sur fond bleu, — ils sont fréquents dans la région; — une curieuse série de vieux petits tableaux sur bois représentant les principales fêtes de l'Eglise ; sur l'un d'eux, la légende du seigneur qui vend sa femme au Diable. Les archéologues vont et viennent, cherchant, admirant, parfois au hasard, mais parfois aussi leurs investigations sont fructueuses : les uns contemplent au croisillon Nord l'étrange pignon treillissé, et la rose ou *roue de fortune*, autour de laquelle gravitent dix petits personnages, montant, descendant, représentant au cours de leur évolution les différents âges de la vie; nous retrouverons les mêmes caractères à l'église de Trye-Château. D'autres étudient curieusement les débris de thermes gallo-romains récemment mis à découvert dans un terrain contigu à l'église, et

---

(1) La date du VIII° siècle, donnée par Viollet-le-Duc, nous paraît trop reculée.

présentant non seulement des hypocaustes, mais encore tout l'aménagement d'un établissement balnéaire considérable. Les fureteurs enfin, qui au milieu des décombres et des plâtras cherchent encore matière à discussion, admirent contre un pilier de la nef une superbe *Pietà*, et, dans un coin, découvrent un Christ *androgyne*, à barbe demi-rasée, offrant les attributs pectoraux du sexe féminin : c'est la représentation de Sainte Vilgeforte, vierge martyre,à la légende bien connue : d'une beauté merveilleuse, elle a excité la passion du proconsul païen ; pour échapper aux entreprises du séducteur, elle implore le Christ, et son visage se trouve subitement décoré d'une barbe masculine ; irrité de ce mécompte, le proconsul, d'autres disent son père, la fait mettre en croix (1).

Dans l'ordre des monuments civils, le Palais de Justice, ancien Evêché, s'annonce extérieurement par une porte basse, voûtée, crénelée, flanquée de deux grosses tours à poivrières remontant à l'année 1306. Intérieurement et au fond de la cour s'élève une charmante façade Renaissance, coupée par deux tourelles hexagonales, surmontée de gracieuses lucarnes découpées à jour où, entre deux clochetons finement dentelés, se détachent les écussons soit de

---

(1) La légende de Sainte Vilgeforte est demeurée fort nuageuse, et présente diverses variantes (V. *Acta Sanctorum, Bollandistes, P. Cahier. Caractéristiques des Saints dans l'art populaire*, T. I. p. 121, 290, 569). Le nom de la Sainte est incertain : Kümmernuss, Ontcommera, Liberata, etc. Elle aurait été fille d'un roi d'Ecosse, d'autres disent de Lusitanie. Son père, attaqué par un roi de Sicile, veut la marier à ce dernier pour obtenir la paix : ne désirant d'autre époux que Jésus-Christ, elle prie Dieu de lui faire perdre ses charmes extérieurs ; sa prière est exaucée, il lui pousse une longue barbe touffue. Le père exaspéré, la menace, si elle n'abandonne pas le Christ, de lui faire subir le supplice de son Fiancé divin ; et la Vierge demeurant inébranlable, il la fait crucifier.

France, soit de divers évêques. — L'Evêché est aujourd'hui installé dans un bel hôtel contemporain, richement meublé en tapisseries de Beauvais, et dont le prélat actuel Monseigneur Douais, archéologue et homme de goût, nous fait les honneurs avec une bonne grâce parfaite.

En dehors de ces attractions majeures, maint recoin de la vieille ville nous offre de délicates surprises. Çà et là les vieilles maisons de bois au pignon dentelé, ou, plus modernes, à la façade délicatement ornementée, disparaissant hélas ! peu à peu, pour céder la place à quelque bâtisse utilitaire. Sur la grand' place, *la Maison des trois piliers*, édifiée en 1268 sous le règne de Saint Louis, restaurée en 1807 suivant le vœu des Antiquaires de Beauvais. Les trois gros piliers cylindriques à base polygonale, qui forment galerie au rez-de-chaussée et soutiennent le premier étage, sont polychrômés, et revêtus à leur partie supérieure d'un lacis fleurdelisé en relief. Par une heureuse disposition que nous voudrions voir plus souvent imitée, une inscription à la façade relate les différents noms que porta l'édifice suivant les époques : *Domus ad Pillares*, 1268 ; — *les Pillers de pierre*, 1314 ; — *l'Hostel du Pilier royal*, 1508 ; — *l'Hostel des Pilliers royal*, 1687.

Notre dernière visite est pour la Manufacture nationale de tapisserie. Créée par Colbert en 1664, trois ans avant que les Gobelins, fondés sous François 1er, devinssent manufacture royale, elle avait pour but de faire concurrence aux tapisseries de Flandre, alors fort à la mode. L'entreprise fut concédée pour trente ans à un bourgeois de Paris, Louis Hinart, originaire de Beauvais, établi à Oudenarde en Flandre, et qui avait demandé à rentrer dans sa ville natale ; il avait un privilège pour la durée précitée, mais ne fit pas fortune, et fut remplacé par Béhagle. Le roi s'y intéresse, et annexe à la manufacture une Ecole de dessin ; c'est l'époque où prédomine le style sévère et majestueux du grand siècle ; elle se traduit par les Actes des Apôtres d'après les cartons de Raphaël, par les Conquêtes de Louis-le-Grand, les Aventures de Télémaque et l'Histoire d'Achille. En 1723, un peintre est attaché à l'établissement ; c'est bientôt Jean-Baptiste Oudry qui, en 1734, devient directeur et porte toute son attention du côté de l'art. Il fait appel aux meilleurs artistes du temps, les Boucher, les Natoire, les Casanova, pour lui fournir des modèles. Voltaire lui-même voudrait faire mettre la Henriade en tapisserie. La mythologie continue d'être à la mode ; Molière et la Fontaine fournissent également des modèles ; mais viennent s'y joindre les sujets de genre, les amusements de la campagne, les tableaux de chasse ou de pêche, les épisodes de voyage ou de vie bourgeoise.

La Révolution entrave quelque peu cette prospérité. Avec le régime impérial, les travaux de la manufacture se font essentiellement utilitaires; il s'agit de pourvoir à l'ameublement des palais des Tuileries, de Fontainebleau et de Compiègne. Cette tendance se maintient sous la Restauration et sous Louis-Philippe; en 1848 seulement, on revient aux anciennes traditions plus artistiques et plus variées : ce sont des fleurs d'un dessin parfait, ingénieusement groupées, de gracieux panneaux à figures, dont des artistes comme Rousseau, Gérôme, Français fournissent les modèles. L'Exposition universelle de 1889, où figura le magnifique canapé de Don Quichotte d'après Coypel, fut un triomphe pour Beauvais, et cette vogue se continue.

Sous la direction de l'Administrateur sont groupés des artistes et des élèves, ces derniers appelés à devenir artistes à leur tour quand ils ont exécuté un *chef d'œuvre*. Les matières employées sont exclusivement la laine et la soie, très rarement le métal filé ; la tapisserie n'est pas une simple copie, mais une interprétation artistique du modèle peint. Il y a des secrets et des traditions dans cet art, et l'on s'explique que la continuité s'en soit maintenue, en constatant que les familles se perpétuent à la Manufacture, et qu'on y rencontre encore des descendants de Flamands venus d'Oudenarde. Le tissu est d'une trame serrée et résistante; chaque œuvre demande une somme de travail considérable, plusieurs années pour les grandes pièces; le prix en est donc élevé, en moyenne 3 à 4.000 francs le mètre carré. Les commandes pour le compte des particuliers ne sont pas écartées, mais l'Etat, qui est le propriétaire, est en même temps le principal client, et réserve les œuvres capitales, soit pour cadeaux à des souverains, soit pour ornements aux palais nationaux, musées et ambassades.

Au dehors, la campagne est toute verdoyante, des bois, des prairies, de belles cultures industrielles, un département foncièrement agricole, amplement arrosé, avec de vastes plaines, à peine quelques faibles ondulations de terrain : et cependant cette vaste étendue plane n'est point monotone, elle n'engendre pas la mélancolie, tant elle est heureusement sillonnée de cours d'eau, émaillée de verdure, parsemée de riches villages. Nous allons la parcourir en tous sens, y puisant de hautes sensations archéologiques, et n'ayant garde de négliger le côté pittoresque.

Les villes, Clermont, Senlis, Compiègne, Noyon.

reçoivent successivement notre visite. — A Clermont, petite ville escarpée médiocrement animée, la belle église Saint-Samson du XIII° siècle, incendiée, puis rédifiée au XVI°, et surtout le joli Hôtel-de-ville bâti en 1325, restauré par l'habile architecte M. Selmersheim, un nom bien connu dans notre région bourguignonne, mais qui surtout est populaire dans le Beauvaisis pour les précieuses restaurations qu'il a menées à bonne fin. A la façade, une charmante tourelle surmonte le pignon ; au rez-de-chaussée, en arrière, la Halle ouvrant par cinq larges baies comme à Ypres, *si parva licet componere magnis* ; et à la façade postérieure, un grand bâtiment rectangulaire avec mâchicoulis anciens, créneaux modernes au chemin de ronde, le tout ayant bon air, dominant le terrain en déclivité rapide, et formant jadis de ce côté défense de la cité.

Senlis présente un plus haut intérêt. Ancien évêché, ville prédominante du Valois, elle rappelle les plus lointaines origines de notre monarchie. La collégiale Saint-Frambourg fut fondée par la reine Adélaïde, femme de Hugues-Capet; l'Abbaye Saint-Vincent évoque le souvenir de la reine Anne qui, venue de Russie pour épouser notre roi Henri 1er, assistait en 1065 à la consécration de la première église. Aujourd'hui, Saint-Vincent donne asile à un collège ecclésiastique ; Saint-Frambourg, moins bien partagé malgré son imposante nef unique, sans transsept, du XIII° siècle, sert de magasin. — Saint-Pierre, également converti en marché, méritait un meilleur sort. La façade, datée de 1516, est l'œuvre d'un véritable artiste; le portail principal en tiers-point offre un tympan ajouré encadré de rinceaux, de festons et de statuettes, et reposant sur deux arcs surbaissés auxquels manque le trumeau séparatif, détruit par l'œuvre du temps; reste seul le dais qui le surmontait. A droite, à gauche du portail, et pour le séparer des portes latérales, deux tourelles ornées d'arcatures et de pinacles, amorties par des gargouilles et de petits arcs-boutants. Cet ensemble est délicieux, et fait regretter davantage l'état intérieur d'abandon du monument; de plus il présente avec le portail du croisillon Sud de la Cathédrale les plus étonnantes ressemblances, ce qui permet de l'attribuer au même auteur, Pierre Chambige. Le clocher Nord est également intéressant ; il se termine par une flèche octogonale hérissée de crochets, de quatre-feuilles et de trèfles à jour, non sans analogie avec la flèche de notre église Saint-Philibert de Dijon.

La Cathédrale de Senlis est un superbe édifice du XIIe siècle, continué aux siècles suivants, terminé seulement au XVIe. Point de transsept à l'origine, comme dans la majeure partie de nos anciennes cathédrales (Viollet-le-Duc, *Dictionn[re] de l'Architecture* T. VI p. 413); on suivait encore le plan de la *basilique*. Le transsept de Senlis n'aurait été construit qu'à la fin du XIIIe siècle. A ces aménagements tardifs, traversés par des effondrements et des incendies, le monument a gagné l'enveloppe extérieure d'un merveilleux style gothique flamboyant. Nous y notons surtout le charmant portail du croisillon Sud, analogue à celui de Saint-Pierre : le trumeau surmonté d'une niche à dais, soutient deux arcs surbaissés sous un tympan ajouré ; le gâble renferme un écusson fleurdelisé soutenu par deux anges. Même ensemble de dispositions au croisillon Nord, de la même époque, moins riche toutefois, ce dernier daté par la salamandre de François Ier : à l'un comme à l'autre, deux colonnes torses encadrent le portail, et flanquent deux élégantes colonnes d'angle revêtues d'arcatures et de pinacles ; en arrière du gâble, une galerie soutenue par quatre arcades en tiers-point ; puis, s'élevant successivement, une balustrade ornée de fleurs de lis, une rose et un pignon de style flamboyant ; soit un ensemble délicieux de fine et gracieuse ornementation, sur lequel le regard se pose, s'arrête avec complaisance, sans tension ni fatigue.

Plus sévère, mais encore plus digne d'intérêt dans son antiquité vénérable, est la cité gallo-romaine de Senlis, dont l'enceinte formait un périmètre de 840 mètres de longueur. A l'un des côtés de cette enceinte s'appuyait le Château qui fut la demeure de nos rois de la première race ; la muraille subsiste, épaisse de quatre mètres, assez bien conservée pour permettre au promeneur d'évoluer sur la courtine pendant une notable étendue du parcours. De ce côté, les tours d'enceinte sont en bon état, arrondies à l'extérieur, fermées à la gorge par un mur droit, présentant trois étages d'élévation ; les portes de communication avec les courtines sont demeurées intactes. A l'intérieur des tours, nous notons la taille en feuille de fougère sur le petit appareil allongé, mode antérieur à l'appareil en arête de poisson que nous rencontrerons dans une de nos suivantes excursions. — Sur un autre point de l'enceinte se retrouvent les restes des Arènes romaines. L'ellipse en est bien conservée ; les deux entrées se dessinent encore nettement ; de même les gradins, et, ce qui nous intéresse le plus, plusieurs petites chambres voûtées, apparemment les *caveæ*, où l'on parquait gladiateurs et bêtes au cours de la représentation ; quelques fragments de sculpture d'une belle venue gisent encore sur le sol.

Si les églises de ville nous offrent d'incomparables

richesses, celles de campagne ne présentent pas un moindre intérêt ; je dirai plus : elles ouvrent un champ d'études que l'on peut fouiller avec profit, certains d'en rapporter une riche moisson. Disposant de sommes d'argent médiocres, d'un talent de moindre envergure, l'artiste n'était point tenté de donner ici cours libre à sa fantaisie : il se contentait de creuser le même sillon que ses devanciers, restant fidèle aux règles architecturales, aux usages, et, suivant le terme technique, au *canon* adopté autour de lui. C'est donc l'église de campagne qu'il faut étudier, si l'on veut se rendre compte du mode architectural de la région.

Ici, l'édifice est en général des XIIe-XIIIe siècles, soit de la grande époque du gothique ; nous trouvons cependant des origines romanes, de même que parfois l'ornementation se prolonge jusqu'au gothique flamboyant. Les éléments particuliers à la région sont, au premier rang, la *corniche beauvaisine*, aux arcatures subdivisées, soutenues par des modillons ; très souvent l'encadrement des baies en *frette crénelée* ou en *dents de scie*. Les *boudins* qui décorent les archivoltes se transforment fréquemment en *bâtons rompus* ou zigzags cylindriques. L'ornementation des chapiteaux est des plus intéressantes : beaucoup de *crochets* se recourbant en forme de becs ; puis, surtout pour l'époque du gothique primitif confinant au roman, un luxe de décoration vraiment exubérant : des volutes perlées, des tiges entrelacées, toute une végétation du milieu de laquelle émergent surtout les *fruits d'arum*. Souvent aussi des monstres, oiseaux, chimères ou masques grotesques.

Ces particularités par lesquelles se carastérise l'architecture religieuse dans la région beauvaisine, nous les trouvons dans toutes ces églises de villages, Marissel, Allonnes, Saint-Lazare, Bury, Cambronne, formant groupe autour de Beauvais ; ailleurs, et dans la direction de Creil, à Nogent-les-Vierges, Villers-Saint-Paul, Montataire, Saint-Leu-d'Esserent, soit les pages de l'immense recueil archéologique qui fait la gloire de notre France, et que nous feuilletons au cours du Congrès. L'explication nous en est donnée chaque fois par notre éminent directeur, Monsieur Eugène Lefèvre-Pontalis, que ses belles études sur la région ont suffisamment fait connaître ; et chacun de se presser, de s'efforcer de tirer profit de ses savantes démonstrations. L'expression d'architecture *gothique*, depuis nombre d'années reléguée au rang des termes impropres, revient à la mode, sans qu'il soit bien démontré que les Goths y soient pour quelque chose ; par contre, le vocable *ogival* est en baisse : on se sert de l'expression *tiers-point* pour qualifier les arcades, les voussures, les fenêtres, les doubleaux terminés en arc brisé ; le terme est à coup sûr plus technique, car il rappelle le tracé géométrique de cet arc. —

Aujourd'hui, et suivant les règles de l'École, l'adjectif *ogival* ne sert plus que pour qualifier la croisée d'arcs soutenant les voûtes ; cette restriction, au surplus, s'explique étymologiquement : *arcus augivus*, du verbe *augere*, signifie bien *arc de renfort* ; donc le terme d'*ogive* ne s'applique plus désormais à la *forme* de l'arc, mais seulement à sa *destination* dans le système des voûtes gothiques. Ceci est parfaitement logique, et nous ne pouvons qu'accepter la distinction ainsi posée.

Il ne s'agit pas d'ailleurs, et nous l'avons déjà montré, exclusivement d'archéologie *religieuse* au cours de nos excursions. Souvent surgit un fragment important d'architecture *civile*, que nous saluons au passage. — Dans le parc du château de Nogent-les-Vierges a été réédifié et reconstitué le portique en trois arcades, chef-d'œuvre de la Renaissance, qui jadis encadrait une galerie du château de Sarcus. — L'ancienne maladrerie de Saint-Lazare est transformée en ferme; l'église subsiste, servant aujourd'hui de remise; de même les annexes : le vaste édifice rectangulaire du XIII° siècle jadis consacré aux lépreux, et, à l'extrémité de la cour, la *grange* de la même époque. On ne se figure plus guère, de nos jours, que les bâtiments consacrés à emmagasiner les récoltes, aient eu jadis une importance architecturale, et cependant nous nous trouvons en face d'un superbe édifice à trois nefs séparées par deux rangées d'arcades en tiers-point qui reposent sur des piliers. Il y a neuf travées; l'une des nefs latérales est terminée à chacune de ses extrémités par une porte; les façades sont soutenues par des contre-forts; un toit unique, à magnifique charpente, recouvre les trois nefs, et descend très bas à l'extérieur. — Viollet-le-Duc, dans son *Dictionnaire de l'Architecture*, T. VI, p. 43 et suiv. nous donne sur les granges quelques détails intéressants : dépendant d'abbayes ou de châteaux, elles étaient souvent fortifiées, habitées par des frères convers ou des paysans, et le soir, éclairées par un fanal pour servir de guide aux voyageurs égarés. Les vassaux se groupaient autour d'elles; nombre de villages en France, dénommés *la Grange*, n'ont pas d'autre origine. Actuellement, les granges du type et de la structure parfaite de celle de Saint-Lazare sont assez rares dans notre pays; nous citerons cependant celle de l'abbaye de Maubuisson près de Pontoise, et celle de

Longchamps près de Paris, toutes deux du XIIIe siècle (1).

A Gisors, à Gournay, nous sommes en Normandie, sur cette rivière de l'Epte qui, au début de notre dynastie capétienne, fut le théâtre de sanglants combats. Elle séparait alors la France de la Normandie, le Vexin français dont la capitale était Pontoise, du Vexin normand qui relevait de Gisors. Cette dernière place commandait le cours de l'Epte; en 1198, Philippe-Auguste serré de près par les Anglais de Richard Cœur-de-Lion, vit le pont se rompre sous lui, et fut précipité dans la rivière; un vitrail en l'église du lieu remémore cet événement.

Gisors a de vieilles maisons de bois, suant l'humidité, la vétusté, dans le quartier que sillonnent les bras de l'Epte. Son église dont le style est intérieurement gothique, présente à l'extérieur un ensemble de différentes époques, depuis la gracieuse Renaissance François Ier jusqu'à la Renaissance postérieure, majestueuse mais lourde, d'imitation romaine. De nombreux détails sont à relever, extérieurement et intérieurement : des statues, des sculptures, des vitraux, des bas-reliefs, des débris de jubé, un cadavre décharné en pierre, sculpté en 1526 et faussement attribué à Jean Goujon ; et au côté sud de l'édifice, un remarquable Christ en croix sous auvent.

---

(1) La *Grange aux dîmes* de Provins, que nous visitions en 1902, est un bâtiment purement *urbain*, qui n'a pas le développement des granges *rurales*, et qui, tout en présentant d'intéressants motifs d'ornementation, n'offre aucune ressemblance avec celle de Saint-Lazare, tant au point de vue de l'ampleur qu'à celui de la hardiesse de la construction.

Cette exubérance de décoration et de richesse nous fatigue : la forteresse ruinée de Gisors est autrement sévère, et en même temps plus reposante. S'élevant à l'extrémité d'une petite colline, en un coude de l'Epte, la construction présente un des meilleurs et des plus importants spécimens de la fortification du XIIe siècle. Une végétation puissante a tout envahi au pourtour, et masque en partie les ruines ; celles-ci demeurent, bravant dans leur solidité les injures du temps. — En l'état actuel, la forteresse occupe une vaste esplanade, autour de laquelle se poursuit une enceinte défendue par douze tours, ouverte par trois portes et plusieurs poternes, et présentant en son centre, au sommet d'une motte artificielle, un donjon pourvu d'une chemise circulaire. A l'origine, et lors de la construction sous Henri Ier d'Angleterre, une moitié seulement de cette enceinte devait exister, et le donjon devait se trouver à cheval sur la muraille, commandant le dehors, selon les principes défensifs de l'époque (1). Sous Henri II, l'étendue de la forteresse fut doublée ; on reprit pour en augmenter la force, la partie déjà construite de l'enceinte, et on en traça la seconde moitié, de manière à placer le donjon exactement au milieu, comme en un vaste camp retranché d'une superficie de trois hectares. Les différences dans le mode de construction reflètent suffisamment ces deux époques successives.

---

(1) En principe, le donjon commande les défenses du château, mais il en commande aussi les dehors ; il est toujours placé en face du point d'attaque de la forteresse. De plus, en sa qualité de *réduit* de la défense, il possède invariablement une issue particulière sur la campagne, de manière à permettre au seigneur acculé ou trahi de s'échapper en temps utile (Viollet-le-Duc, Dictionnaire de l'Architecture T. V p. 34 et suiv.)

Les douze tours présentent des variantes intéressantes pour l'étude de la fortification au moyen-âge, la majeure partie d'entre elles étant ouvertes à la gorge, les unes plantées à l'extérieur sur un carré, d'autres sur un demi-cercle, d'autres enfin sur un triangle formant éperon. Philippe-Auguste, devenu maître de Gisors, en perfectionna encore la fortification ; on lui doit un second donjon campé sur l'enceinte elle-même, puissante tour cylindrique dite *Tour du prisonnier*, qui mesure 28 mètres de hauteur sur 14 de diamètre ; l'étage inférieur a servi de cachot, et présente encore d'intéressants *graffiti*. Le donjon proprement dit, dont la construction doit être attribuée à Henri II, mais qui repose très vraisemblablement sur les fondations du donjon d'Henri Ier, a une hauteur moindre, 20 mètres seulement ; il s'élève sur un octogone irrégulier soutenu par de puissants contreforts ; sa base s'appuie extérieurement à la chemise du pourtour. — Sous François Ier et Henri II de France, les fronts de la fortification donnant sur la campagne furent protégés par des remparts en terre destinés à recevoir du canon. Une résidence royale avait été construite sur un des côtés de l'enceinte ; le duc de Penthièvre en fut le dernier seigneur, au moment de la Révolution.

La station en la jolie ville de Gournay n'a guère d'autre but que le déjeûner, dans un somptueux hôtel récemment bâti, nous dit-on, pour abriter les voyageurs qui, se rendant de Paris à Dieppe, désirent rompre charge. Nous craignons que le but ne soit pas atteint, ce qui ne nous empêche pas d'admirer la richesse du pays, la verdeur de ses pâturages et de ses frondaisons, région célèbre par ses herbages et ses beurres. Notre temps au surplus n'est pas perdu, car la visite de l'église nous permet une intéressante constatation : nous notons en divers points de l'extérieur, notamment au croisillon Nord et au chevet, des fragments d'appareil en arête de poisson, tels que ceux que conserve la chapelle carolingienne Saint-Laurent de Tournus ; toutefois l'origine n'en serait pas aussi ancienne, et ne pourrait être considérée comme antérieure au XII° siècle.

Saint-Germer, dans la même région, va nous retenir davantage. Abbaye remontant au VII° siècle, ruinée par les Normands, relevée au XI° sous la règle de Saint Benoît, elle eut son église bâtie vers la fin du XII° et au commencement du XIII° ; le monument est un excellent spécimen du style dit *de transition*. Derrière le chevet, dans le prolongement de l'abbatiale, un large couloir conduit à un délicieux petit édifice gothique qui, dès l'entrée, nous ménage la plus agréable surprise. C'est un léger vaisseau de 29 mètres de longueur sur 9 de largeur et 14 de hauteur sous voûte, construit suivant le modèle exact de la Sainte-Chapelle de Paris, laquelle ne l'a précédé que de dix ans ; une rose de grande hardiesse, trois intéressantes verrières, et, à l'extérieur, deux jolies tourelles de façade, des contreforts surmontés de sveltes pinacles, une toiture étroite et élevée pointant vers la nue, l'ensemble est gracieux à souhait. — Un parc ombreux est contigu à l'édifice, et le touriste, fatigué de la journée déjà longue, de se reposer un instant sous les arbres séculaires, laissant son regard errer sur la charmante silhouette de la Sainte-Chapelle, pour le ramener à la monumentale abbatiale et aux étranges gargouilles, figures drôlatiques de moines, qui, de la corniche, semblent s'élancer dans l'espace. Ces quelques instants de *far-niente*, au cours d'une quinzaine si bien remplie, forment un délicieux épisode.

Noùs ne pouvions songer à quitter la **région** méridionale de l'Oise, sans faire à Chantilly une courte visite ; elle fut trop brève à notre gré. De Senlis, le trajet est charmant à travers la forêt ; voici le merveilleux château qu'entourent, étincelant au soleil, les vastes bassins dérivés de la Nonette. Construit il y a vingt ans seulement par un fils de France, l'édifice s'élève sur l'emplacement du château des Montmorency, dont on a respecté les fondations ; il est moderne en son ensemble ; une partie toutefois de l'ancienne demeure a été conservée en contrebas de la construction récente ; c'est le Châtelet, attribué à Jean Bullant dans le beau style de la Renaissance ; et l'on a pris soin que les bâtiments modernes n'y dérogeassent point. Nous sommes ici en pays connu, magistralement décrit par l'un d'entre nous il y a peu d'années ; aussi vous ferons-nous grâce d'une description nouvelle trop détaillée. — Au seuil du Château, sur la terrasse, la statue équestre du Connétable de Montmorency, de Dubois. Voici la cour d'honneur, point trop vaste, à laquelle de larges baies donnent air et accès ; à gauche, la jolie chapelle toute remplie du nom des Condés ; devant nous, le porche en rotonde conduisant au grand vestibule et à l'escalier d'honneur ; ici s'ouvrent les appartements.

Ils furent amoureusement décorés par ce fils de France, auquel les événements ne permirent pas de remplir sa destinée. Deux parts peuvent être faites dans ce merveilleux ensemble : d'un côté, les œuvres historiques, provenant de famille, ayant surtout la valeur, qui n'est pas moindre, de souvenirs reflétant notre épopée nationale ; ailleurs, les œuvres artistiques, acquises à grand prix par un amateur délicat. Dans la première catégorie, les armes, les étendards de la vieille France ou de notre armée d'Afrique, les portraits, les miniatures en longue série retraçant l'histoire de la Maison d'Orléans ; dans la seconde, les tableaux des grands maîtres, soit d'Italie, Giotto, Fra Angelico, Raphaël, Léonard de Vinci, Paul Véronèse, le Titien, soit de Flandre et de Hollande, Memling, van Eyck, van Dyck, Rembrandt, soit enfin de France, le Poussin, Mignard, Delacroix, Delaroche, Ingres. A l'exemple des Uffizzi de Florence, Chantilly a sa *Tribune*, salle octogonale où se pressent les chefs-d'œuvre. Dans un cabinet latéral, nous étudions un Jean-Sans-Peur de Pourbus, et toute une série de Clouet, la Cour de France sous les successeurs de François 1er. Bien rares sont les Clouet authentiques ! Certaine toile du Musée de Dijon, un peu légèrement *attribuée* à Clouet, dans la réalité copie d'un tableau du maître conservé au Louvre, en garde tout au moins *l'air de famille*... Ailleurs les 42 miniatures de Jehan Foucquet représentant la vie du Christ ; et les émaux de Léonard Limosin, enfin les deux Raphaël, bijoux de la collection, soit la Sainte Famille acquise au prix de 165.000 francs, et les Trois Grâces payées 600.000. L'Angelus de Millet coûta davantage, dira-t-on ; mais parfois tel amateur s'engoue, qui regrettera plus tard sa générosité d'un instant. Citerons-nous encore les peintures de Baudry, les tapisseries des Gobelins, les vitraux de la Galerie de Psyché attribués à Jean le Pot ; puis la Bibliothèque riche en manuscrits et en incunables, la chambre à coucher du Grand Condé, la longue galerie où l'illustre capitaine avait fait peindre ses principales actions. Le temps fait défaut pour tout voir, tout admirer dans cette collection merveilleuse.

A Compiègne, nous sommes dans une autre région, confinant à la Picardie et au Soissonnais ; ici encore, églises, abbayes, châteaux ne nous feront pas défaut. La ville a pour elle ses souvenirs historiques soit anciens, soit récents, sa situation géographique admirablement desservie par la ligne du Nord, et son mouvement mondain qui en fait la brillante rivale du chef-lieu.

Jeanne d'Arc fut prise à Compiègne le 24 avril 1430. La place était menacée par les Anglais unis aux Bourguignons ; les forces ennemies étaient échelonnées le long de l'Oise, sur la rive opposée. Alignée sur la rive gauche, Compiègne communique avec la rive droite par un pont que défendait un boulevard fortifié. Entrée le matin même dans la ville pour la secourir : « J'irai voir mes bons amis de Com- « piègne », avait-elle dit, Jeanne ne perd pas un instant ; son plan est rapidement dressé, avec le coup d'œil d'homme de guerre dont elle a fait preuve en toutes circonstances : les Anglais sont à Venette en aval, les Bourguignons en amont, à Clairoix et à Coudun ; un poste est au débouché même du pont, à Margny, observant les mouvements des assiégés. Jeanne percera par Margny, rabattra les Bourguignons sur Clairoix, tandis que les gens de Compiègne contiendront les Anglais, s'ils tentent de sortir de Venette, et les arrêteront à la tête du pont, sur la chaussée latérale au fleuve. Le plan était bon, mais il fallait compter avec les incidents, panique, découragement, égoïsme.

Jean de Luxembourg, qui commande à Clairoix, se trouve à Margny à l'instant précis de l'attaque ; le premier choc de Jeanne le repousse, il est secouru, fait tête, et les Anglais sortent de Venette. Les archers postés à la tête du pont les arrêtent un instant ; mais la panique se met parmi les soldats de Jeanne ; les derniers rangs se replient en désordre, sur le boulevard, où les Anglais affluent de leur côté. Sur cette foule compacte, les défenseurs n'osent tirer, craignant de blesser quelqu'un des leurs ; ils se voient sur le point d'être forcés, lèvent le pont, baissent la herse, toute retraite est coupée à Jeanne. Les gens de pied sont recueillis par les bateaux rangés le long de la rive en prévision d'échec ; l'héroïne à cheval avec quelques fidèles, son frère Pierre, son écuyer d'Aulon, le brave Xaintrailles, est faite prisonnière.

On a incriminé âprement Guillaume de Flavy, gouverneur de Compiègne, l'accusant d'avoir avec préméditation livré Jeanne aux Anglais ; l'inculpation est exagérée. Flavy avait mauvaise réputation, mais il était brave ; il avait résisté à toutes les tentatives de corruption ; après la capture de la Pucelle, il défendit encore la ville pendant six mois, et la sauva. Un seul reproche peut lui être fait, celui de n'avoir pas, par une vigoureuse sortie, dégagé la prisonnière ; mais il se préoccupa moins de la sauver que de garder sa ville. Depuis longtemps déjà, une funeste politique de jalousie minait sourdement et entravait l'œuvre de Jeanne ; son abandon sous les murs de Compiègne, dont Flavy fut inconsciemment l'artisan, fut le dernier épisode de cette campagne de lâcheté et d'égoïsme.

Le bâtard de Wandonne, qui a pris Jeanne, est de la compagnie de Jean de Luxembourg ; or Jean est inféodé au duc de Bourgogne, et les Anglais, par l'organe de l'Université de Paris, dont l'évêque Cauchon de Beauvais est le recteur, réclament la prisonnière ; ils en offrent 10.000 livres, soit 61.000 francs à

Luxembourg. Ce dernier, cadet de famille, est peu apanagé ; sa fortune dépend tout entière du duc de Bourgogne et des Anglais. Peut-être résisterait-il, s'il se sentait soutenu ; mais Charles de France se désintéresse, et Philippe de Bourgogne a la mort de son père à venger. — Au cours de ces négociations, la Pucelle demeure gardée au château de Beaulieu, puis à celui de Beaurevoir près de Cambrai, tous deux appartenant à Jean de Luxembourg ; au bout de six mois, le pacte étant conclu, elle est conduite sur les terres de Bourgogne, à Arras d'abord, puis au Crotoy, d'où elle sera livrée aux Anglais. — Telle est, dans ses linéaments essentiels, la filière par laquelle passe l'infortunée ; ainsi se trouvent établies les responsabilités devant l'Histoire. A Compiègne même, une vieille tour à-demi ruinée, menacée de destruction complète à bref délai, rappelle encore le nom de Jeanne d'Arc, mais sans raison apparente, car l'héroïne n'y séjourna point.

Compiègne possède deux belles églises, et un charmant Hôtel de ville gothique du XVIe siècle surmonté d'un beffroi ; sur la place, devant le bâtiment municipal, la statue en pied de Jeanne, brandissant son étendard. — Le Château, bâti sous Louis XV, fut assigné par Napoléon comme résidence à l'infortuné Charles IV d'Espagne. Il fut tout particulièrement en faveur sous Napoléon III : les réceptions de souverains, les séries d'invités à Compiègne sont demeurées célèbres. En évoquant mes souvenirs déjà lointains, j'y vois le Roi de Prusse Frédéric-Guillaume, un courtois vieillard qui ne semblait point, à ce moment, menacer la paix de l'Europe ; près de lui, certain cuirassier blanc énigmatique, que la belle Impératrice s'efforçait d'apprivoiser, et qui fut peu d'années après l'impitoyable Bismarck ; brillante époque qui, pour le Château, pour la France, eut un triste lendemain !... A cette époque, Compiègne primait Fontainebleau ; les chasses en forêt attiraient la foule, animaient la région ; aujourd'hui, malgré les beaux tableaux, les superbes vases de Sèvres, les splendides tapisseries de Beauvais et des Gobelins, le Palais est triste ; solitude au-dedans, solitude au-dehors dans le Parc immense que prolonge à travers bois, sur six kilomètres de longueur, la magnifique percée des Beaux-Monts.

Deux célèbres abbayes, Morienval et Ourscamp, une superbe cathédrale, Noyon, deux forteresses illustres dans nos fastes féodaux, Pierrefonds et Coucy, ainsi en cinq noms propres peuvent se résumer les attractions de la région compiégnoise ; mais chacun de ces noms mérite plus qu'une mention, et ne point rappeler en les évoquant, celui d'un savant aimable, le comte de Marsy, qui fut après Arcisse de Caumont le second fondateur de notre Société, qui fut de plus mon ami de première jeunesse, et avec lequel, il y a quelque 40 ans je faisais dans la région mon apprentissage archéologique, ce serait commettre un acte d'ingratitude qui sera toujours loin de ma pensée.

Nous traversons la forêt de Compiègne, un océan de verdure de 14.000 hectares merveilleusement aménagé, peuplé d'arbres magnifiques. Les Archéologues suivent rarement la ligne droite : ils vont errant au gré des curiosités connues ou à découvrir; or, la route en est parsemée : — A Vez, un joli château féodal du XIIe siècle, reconstruit par Louis d'Orléans à la fin du XIVe, récemment légué à l'Etat qui en poursuit et complète la restauration. A Lieu-Restauré, les débris d'une abbatiale de Prémontrés transformés en grange ; à Fresnoy-la-Rivière, une intéressante église, telles sont les étapes qui nous mènent à Morienval.

L'abbaye bénédictine, de fondation attribuée à Dagobert, mais plus sûrement aux Carolingiens, est devenue classique en archéologie, tant par l'habile restauration due à M. Selmersheim, que par les patientes études qu'elle a suggérées à M. Eugène Lefèvre-Pontalis. S'élevant à l'extrémité du village, en une région boisée, vallonnée, elle domine la campagne du haut de son imposante abside du XII° siècle flanquée de deux tours romanes carrées. Le plan de l'église au XI° se composait d'un petit narthex, d'une nef flanquée de bas côtés, d'un large transsept avec deux absidioles en cul-de-four dans l'axe des collatéraux, et d'un hémicycle précédé d'une travée droite. Aux XII° et XIII° siècles, certaines modifications et adjonctions furent opérées. La déclivité du terrain ne permit pas d'établir au chevet des chapelles rayonnantes, dont les fondations eussent été trop coûteuses, trop difficiles à asseoir. — Au XVII° siècle, des travaux malencontreux viennent dénaturer l'édifice. En s'aidant des parties conservées de l'ancienne construction, soit le narthex, les absidioles, les extrémités de la travée qui précède l'hémicycle, et parfois aussi des *témoins* retrouvés enfouis dans la maçonnerie, en consultant d'anciens plans, et surtout en faisant appel à sa science architectonique, M. Selmersheim a pu rendre à l'édifice toute sa valeur archéologique.

La différence entre les deux époques de construction, XI°, et XII° — XIII° siècles, est rendue visible par la juxtaposition des styles, l'arc en plein cintre côtoyant la voûte d'ogives. Ce caractère est particulièrement prédominant au chœur, où les deux styles se rencontrent et se heurtent, la voûte en berceau du XIe subsistant encore par ses amorces, mais ayant fait place pour le surplus à la voûte d'ogives du XIIe, époque à laquelle fut également construit le déambulatoire qui s'enroule au pourtour du sanctuaire. Les chapiteaux ont pu être restitués sur le modèle de ceux demeurés intacts ; ils offrent une flore et une faune infiniment curieuses, des entrelacs, des palmettes, des masques, des oiseaux affrontés, un cheval sellé ; au tailloir, les bâtons brisés, les dents de scie que nous avons déjà relevés dans la région beauvaisine. Notons à la voûte de la nef un grand nombre de trous communiquant avec des *vases acoustiques*.

Telle est cette superbe abbatiale, dont nous nous bornons à donner une idée générale. Dans le détail, il nous faudrait nous reporter aux discussions archéologiques qui jadis, sur l'âge du chevet notamment, ont divisé MM. Lefèvre-Pontalis et Anthyme Saint-Paul. Aujourd'hui, depuis que la restauration opérée par M. Selmersheim a permis de se rendre compte des remaniements introduits au XIIe siècle, les adversaires de jadis se sont mis d'accord, et nous ne faisons plus que recueillir, en leur présence même, l'écho affaibli et toujours instructif de leur controverse.

L'abbaye cistercienne d'Ourscamp, au nord de Compiègne, remonte officiellement au XIIe siècle ; mais, suivant la légende, elle aurait une origine beaucoup plus reculée. Voici en effet ce que nous lisons aux archives de ladite abbaye :

« Quand Sainct Eloy, adonc Evesque de Noyon,
« voulust par dévotion et par inspiration divine édi-
« fier un oratoire et chappelle au pourprins de ladicte

« abbaye, en laquelle souvent venoit célébrer, il fist
« par un bœuf et un varlet qui le menoit commencer
« mener les pierres. Lequel bœuf un ours sauvage
« issant des dictes forests estrangla, et à la clameur
« dudict varlet faicte audict sainct de son bœuf estran-
« glé, ledict sainct alla au lieu où ledict ours s'estoit
« retraict esdictes forests ; et au nom de Dieu le
« conjura que puisque son bœuf avoit estranglé, il
« feist son office et amenast les pierres de la dicte
« chappelle. Et tantost ledict ours entra ès limons, et
« de faict amena lesdictes pierres au conduict dudict
« varlet, comme il appert en figure sur ce faict par
« sculpture. Et est vérité ; et pour ce proprement est
« dict *Ourscamp*, camp des ours. Car audict lieu
« adonc habitoit grande planté d'ours et autres
« bestes sauvaiges, comme dict est. »

Nous aimons ces vieilles légendes, et nous n'avons garde de les écarter quand nous les rencontrons : elles sont la source de l'Histoire. Celle de la fondation d'Ourscamp est consacrée par la présence d'un ours *passant*, sculpté en haut relief dans le fronton au-dessus de la porte d'entrée de l'abbaye ; dans quelques jours, en la cité de Laon et pour cause analogue, nous saluerons les bœufs hissés sous forme de statues au sommet des tours de la cathédrale.

Le palais abbatial n'est pas ancien, un édifice majestueux et lourd du XVIII° siècle ; nous en franchissons rapidement la voûte. Au-delà, devant nous, se dresse la silhouette d'une merveilleuse église, quelque chose comme une évocation de Jumièges. L'édifice, s'il subsistait encore en son entier, serait d'une dimension colossale ; il n'en reste que le chœur à demi ruiné, et un fragment de transsept ; mais ce débris est gigantesque, les murailles s'enlèvent d'un superbe élan, et semblent défier l'injure du temps. La voûte s'est effondrée ; air et lumière se jouent à souhait à travers arcades et rosaces, produisant de délicieux effets. Et cette ruine n'est pas triste : un superbe tapis de verdure, de beaux arbres lui font cortège. Ici encore, autre évocation de nos voyages, celle de ces ruines d'Angleterre, cathédrales et forteresses, que tapisse si richement leur manteau de lierre, et qui, à l'encontre de mainte autre ruine, n'éveillent point l'idée de la mort.

Ourscamp d'ailleurs n'est point abandonné ; le voisinage immédiat d'une filature lui donne mouvement et vie ; et, en arrière du chevet de l'Abbatiale, un autre bâtiment aligne sa façade monastique : c'est la *Chapelle des morts*, élevée au XIII° siècle dans le mode des salles capitulaires. Deux files de huit colonnes la divisent en trois nefs : une porte latérale en ogive lui donne accès. Le nom de *Salle des morts* est vraisemblablement impropre ; certains veulent y voir une infirmerie ; elle fut plutôt, pensons-nous, un abri pour les laïques, une sorte de *bâtiment des hôtes*, aux époques de foi où telle cérémonie religieuse attirait en foule les visiteurs.

A l'excursion d'Ourscamp succède la visite de Noyon ; nous retrouvons ici Monseigneur Douais, venu pour faire aux congressistes les honneurs d'une de ses trois cathédrales. Il nous reçoit en la Salle capitulaire, voûtée d'ogives ; soutenue par une rangée de gracieuses colonnettes, elle ouvre sur le cloître ogival du XIII° siècle dont une des galeries seulement a été conservée intacte.

La cathédrale actuelle représente une longue série d'édifices successivement détruits par quatre incendies. Le premier rappelle les noms de Saint Médard et de Saint Éloi. Pour nous, Bourguignons, Médard n'est point un inconnu : évêque de Noyon sous le règne de Clotaire I*er*, son corps avait été transporté à Soissons, et finalement déposé en l'église Saint-Étienne de Dijon, par Aimard, Comte de cette ville, qui l'avait soustrait au pillage des Normands (*Courtépée*, T. II p. 111 de l'édition en 4 vol.). En 921, le corps fut transféré dans l'église nouvellement bâtie sous le vocable du Saint ; Noyon, qui ne possédait pas de reliques de son évêque, en demanda à Dijon et en obtint. Or, l'église Saint-Médard étant devenue trop rustique et trop étroite, *rude et justo angustius*, dit la plaque commémorative conservée au Musée archéologique de notre ville, le corps fut ramené en 1238 à Saint-Étienne et y demeura jusqu'à la Révolution, époque à laquelle il disparut (1). Noyon est donc actuellement, et l'on dira que c'est justice, plus favorisé que Dijon à ce point de vue. Charlemagne, Hugues Capet, furent sacrés en cette cathédrale ; l'évêque de Noyon, comme celui de Beauvais, était un des six pairs ecclésiastiques de l'ancienne France.

L'église actuelle s'éleva sur les bases de l'édifice effondré en 1293, et put encore en utiliser certaines parties. La construction se prolongea pendant plusieurs siècles ; les derniers aménagements sont du XVIII*e*. La nef est voûtée d'ogives ; les deux dernières travées, plus anciennes, ayant résisté à l'incendie de 1293, se distinguent par leurs chapiteaux à feuillage roman, et le mode de structure de leurs colonnes. L'église est immense, grandiose ; le visiteur ne

---

(1) La vieille église Saint-Médard de Dijon fut elle-même détruite en 1680, *tanquàm caducum et inutile*, et la plaque de 1705 subsiste seule pour en rappeler l'existence.

s'arrête pas aux discussions de détail, auxquelles se laissent entraîner les archéologues, pour préciser la date de telle ou telle partie ; il est captivé par la majesté du vaisseau, dont les dix travées s'alignent depuis le porche en ogives décoré de bas-reliefs malheureusement mutilés, depuis le narthex ouvert, aussi élevé que la nef, jusqu'au transsept très prononcé dont les croisillons à deux travées s'arrondissent en hémicycle, jusqu'au chœur à trois travées droites se terminant par un chevet demi-circulaire flanqué de cinq chapelles absidales.

La salle du Trésor, voûtée en ogives, est un véritable musée d'art religieux : de vieux meubles, une armoire aux volets peints, des tableaux, des carreaux émaillés, mais surtout la cloche de Sainte-Godeberte en tôle de fer de l'époque mérovingienne, et le célèbre Évangéliaire de Morienval, précieux manuscrit du Xe siècle, orné de miniatures, et relié avec des plaques d'ivoire. — Au dehors, dans le voisinage immédiat de l'abside, s'élève la Bibliothèque ou *Librairie* des Chanoines, curieuse maison de bois construite sous Louis XII ; le rez-de-chaussée, malheureusement replâtré, est couronné par des poutres moulurées, dont l'entablement est soutenu par des poteaux décorés d'armoiries.

A Noyon, la Cathédrale domine tout, attire vers elle toute l'attention ; avec ses annexes, cloître, salle capitulaire, Librairie, sa place du Parvis où s'alignent en demi-cercle les maisons de chanoines décorées du bonnet carré emblématique, elle forme comme un monde à part, à l'extrémité de la cité. Le superbe édifice toutefois ne saurait nous rendre injustes pour les attractions, délicates encore, que présente le reste de la ville. — L'Évêché, du XVIe siècle, n'a qu'une faible envergure, mais sa charmante façade se recommande par des fenêtres flanquées de pinacles, par une corniche bien fouillée, et une élégante lucarne couronnée par un gâble à remplage flamboyant ; la tourelle d'angle a deux petites baies présentant de jolis détails d'ornementation. — L'Hôtel de ville, de la fin du XV°, n'est pas moins intéressant ; le remaniement des parties hautes au XVII° en a malheureusement alourdi la gracieuse ornementation Renaissance. Sur la cour, une élégante tourelle d'escalier à pans coupés nous offre à l'un de ses paliers un cul-de-lampe grotesque et scatologique, dont la description même en termes pudiques est à peu près impossible : nos pères aimaient le gros rire, ils en abusaient, et l'art venait en aide à leurs fantaisies désordonnées.

C'est la fin du Congrès; on se disperse après maintes poignées de mains chaleureuses, heureux de cette semaine si bien remplie, où l'on s'est instruit en la contemplation des monuments, et mieux encore parfois en la conversation de tel archéologue avisé. Certains vont prendre un repos bien gagné; c'est le cas de notre Directeur qui, nous lui devons cet hommage, s'est véritablement prodigué, surmené, à notre grand profit ; d'autres non encore rassasiés, ne se pressent point de regagner le logis. De nouvelles attractions les sollicitent, à distance peu éloignée; il serait imprudent de s'y dérober ; bien téméraire est celui qui escompte l'avenir !

Avec un groupe d'amis, je gagne Coucy, la reine de nos forteresses féodales, dont le colossal donjon éveille pour moi des souvenirs déjà lointains; mais l'intérêt en est toujours actuel, dans son immuable beauté. — Il est de mode de comparer Coucy à Pierrefonds, bien que la ressemblance ne s'établisse pas facilement; par leurs origines toutefois, et par leur histoire, cette similitude peut se justifier. Toutes deux forteresses féodales, dominant la région, luttant contre le pouvoir central, profitant de nos guerres civiles pour maintenir leur suprématie, jusqu'à ce que ce même pouvoir, devenu prépondérant, les annihile et les anéantisse. — Pierrefonds, sous Philippe-Auguste, est déjà redoutable ; le roi s'en empare et le ruine. En 1390 seulement, Louis d'Orléans, qui devait peu d'années plus tard succomber rue Barbette sous les coups de notre Jean-Sans-Peur, Louis d'Orléans le réédifie. Pierrefonds traverse sans grand dommage les péripéties de notre histoire, jusqu'à la Ligue où, commandé par Rieux, assiégé par d'Epernon et Biron, il résiste victorieusement à Henri IV. Aux premières années du règne de Louis XIII, et pendant la guerre des Mécontents, un émule de Rieux, Villeneuve, y soutient de même un siège en règle. La forteresse était décidément gênante pour le pouvoir royal ; sa destruction est décidée, elle s'accomplit, et pendant deux siècles et demi, Pierrefonds ne sera plus que ruines.

A Coucy pareillement, dès le X⁰ siècle, existait déjà un château-fort ; la situation elle-même l'exigeait, un promontoire dominant de haut la région. Ce fut la première prison de Charles-le-Simple. Le château primitif, ruiné, est rebâti dans la première moitié du XIII⁰ siècle par Enguerrand III, celui qui, pendant la régence de la reine Blanche, aspira un instant au trône de France. Grande était alors la puissance des sires de Coucy !... Enguerrand VII est pris par les Turcs à Nicopoli, en 1396, aux côtés du comte de Nevers, Jean de Bourgogne ; couvert de blessures, mais réservé par Bajazet au rang des vingt personnes illustres dont on peut tirer rançon, il meurt de fatigue et d'épuisement sur le chemin du retour. — Le domaine entre comme Pierrefonds, en la possession de Louis d'Orléans ; il a même fortune. Pendant les troubles de la Fronde, le gouverneur Hébert est sommé de rendre la place au Roi ; il refuse ; le siège est mis devant la ville, et bientôt, sans grande défense, la forteresse capitule; peut-être le *mulet chargé d'or* y avait-il pénétré ! Mazarin ne pardonne pas au château qui lui a résisté ; sur son ordre, l'ingénieur Métézeau procède au démantèlement systématique de la forteresse : il incendie les bâtiments d'habitation, ruine les voûtes des tours ; un terrible coup de mine lézarde de bas en haut le grand donjon (1). En 1692, un tremblement de terre poursuit l'œuvre de l'ingénieur, et pendant deux siècles, les habitants de Coucy prennent à tâche de la compléter en puisant dans ce chantier improvisé des pierres pour la construction de leurs maisons.

Pendant deux siècles aussi, le pouvoir central se désintéresse de ces actes de vandalisme. Sous Napoléon III, un renouveau archéologique surgit, dû à l'initiative de la Commission des monuments histo-

---

(1) La démolition entreprise par Métézeau fut sauvage et barbare, digne en son acharnement de la grandeur du monument auquel elle s'attaquait. Nous citons textuellement Viollet-le-Duc, *Dictionnaire de l'Architecture*, T V. p 80 : — « L'ingénieur Métézeau, chargé par « Mazarin de détruire le château de Coucy, voulut faire sauter le « donjon. A cet effet, il chargea au centre, à deux mètres au-dessus « du sol, un fourneau de mine dont nous avons retrouvé les traces : « il pensait ainsi faire crever l'énorme cylindre ; mais l'explosion « n'eut d'autre résultat que d'envoyer les voûtes centrales en l'air, et « d'occasionner trois principales lézardes dans les parois du tube de « pierre ».

riques, et en particulier aux études d'archéologie militaire du Souverain. Il a pris le château de Compiègne en affection ; or, dans la région, deux forteresses du moyen-âge éveillent plus particulièrement son attention : il voudrait les restaurer l'une et l'autre. Un devis approximatif lui est soumis : la restauration de Coucy, déclare-t-on, coûtera 80 millions, celle de Pierrefonds peut être limitée à 16 ; il se décide pour Pierrefonds, et prend au compte de sa cassette la plus notable partie de la dépense. Notons d'ailleurs que le total des sommes employées demeura notablement inférieur à ce devis, car, suivant les chiffres officiels, la restauration de Pierrefonds jusqu'en 1870 coûta exactement 4.962.478 fr., dont 3.787.679 payés sur la cassette impériale, et 1.174.799 au compte des Monuments historiques. Disons encore que l'Impératrice favorisait Pierrefonds : le voisinage immédiat de Compiègne lui rappelait de doux souvenirs : c'est sous les ombrages du Parc que s'était décidé son sort. Aujourd'hui encore, la souveraine déchue prend en voyage le nom de comtesse de Pierrefonds.

Cette réédification merveilleuse est l'œuvre de Viollet-le-Duc ; c'est un chef-d'œuvre de science et de patience, pour lequel les parties subsistantes fournissaient de notables éléments ; là où les points de repère manquaient, l'archéologue y a suppléé ; les esprits difficiles peuvent critiquer parfois l'exactitude et la vraisemblance de sa restitution ; mais on ne saurait se dispenser de l'admirer. Quoi qu'il en soit, Pierrefonds, même réparé, ne produit point le même effet de stupéfaction admirative que Coucy ruiné ; la différence des époques explique suffisamment cette divergence d'aspect ; Pierrefonds rétabli dans sa construction des XIVᵉ-XVᵉ siècles, est charmant et gracieux en sa sveltesse ; Coucy, demeuré dans sa majesté du XIIIᵉ, est imposant et terrifiant par sa masse.

Pierrefonds nous était déjà familier ; non éloigné de Paris, rapproché de Compiègne, il est fréquenté de la majeure partie des touristes. Coucy est plus écarté, moins connu ; à ce titre il pourra intéresser davantage.

La forteresse est, avons-nous dit, l'œuvre d'Enguerrand III ; elle reflète bien la puissance de celui qui pouvait dire orgueilleusement :

> Je ne suis roy, ne prince, ne comte aussy ;
> Je suis le sire de Coucy.

Bâtie d'un seul jet, au moyen de ressources immenses, de 1225 à 1230, elle présente une importance de moyens, une unité de construction qui en font le type féodal militaire le plus intéressant à étudier. L'étendue en était immense : dominant la plaine par des escarpements rapides de 50 mètres d'élévation, le château proprement dit couvre une surface de dix mille mètres carrés, soit un hectare de superficie. Entre le château et la ville s'étendait une vaste basse-cour fortifiée ou *baille*, d'une surface triple de celle du château ; au-delà enfin, la cité qu'Enguerrand fit, dans le même temps, entourer d'une enceinte fortifiée. La petite ville de Coucy telle que nous la retrouvons aujourd'hui, ceinte de ses murailles, avec ses portes de Laon, de Soissons, de Chauny flanquées de tours, représente donc l'étendue totale de la forteresse telle qu'elle se comportait au temps d'Enguerrand.

Nous ne nous occuperons que du Château, dont la disposition d'ensemble et même de détail peut être restituée idéalement à l'aide, tant des constructions demeurées debout, que des ruines accumulées sur ce vaste espace ; c'est le travail auquel Viollet-le-Duc s'est livré, nous ne saurions avoir meilleur guide. — Le château formait un quadrilatère irrégulier, flanqué en chacun de ses quatre angles d'une tour de 35 mètres de hauteur sur 18 mètres de diamètre ; ces quatre tours sont encore debout, dans un assez bon état de conservation au point de vue de la maçonnerie extérieure. Le *donjon* placé non point au centre, mais sur l'un même des côtés, — suivant les principes de l'architecture militaire du plus ancien moyen-âge, ainsi que nous l'avons expliqué à Gisors, — le donjon commandait et protégeait la *baille*, que flanquaient en outre deux des tours d'enceinte. En avant du donjon s'étendait un fossé large de 20 mètres ; un pont défendu par deux postes avancés ou *châtelets* et deux corps-de-garde, franchissait le fossé, donnait accès à une porte munie de herse, et se continuait par un long passage voûté flanqué de salles de garde, facile à obstruer et à défendre.

On débouchait dans la cour d'honneur, de forme irrégulière, d'étendue médiocre, entourée qu'elle était par les bâtiments de service, les appartements d'habitation, les magasins et la chapelle ; la silhouette énorme du donjon rétrécissait encore cette cour, l'écrasant de sa masse. Qu'on se figure un colosse cylindrique de 31 mètres de diamètre, mesurant 63 mètres de hauteur depuis le fond du fossé jusqu'au couronnement. Il était, au revers du fossé, garanti par une enceinte extérieure ou *chemise*, qui doublait force de résistance du côté de la *baille*. Actuellement consolidé, restauré dans ses parties essentielles par l'obturation des lézardes et l'adaptation d'un double cerclage de fer, il s'ouvre au visiteur qui peut en faire l'ascension jusqu'au sommet.

Au delà du fossé, que nous franchissons sur une passerelle, la porte d'entrée, basse, surmontée d'un bas-relief qui représente un chevalier luttant contre un lion. Une bête féroce ravageait la région ; un lion, disait-on, et l'on implore l'aide du sire de Coucy. Enguerrand se met en quête, guidé par un paysan qui le conduit en un site sauvage ; tout-à-coup surgit l'animal : « C'est bien un lion, s'écrie le seigneur, « mais tu me l'as *de près montré !* » Lutte corps à corps, dont le chevalier sort vainqueur. En mémoire de ce fait fut élevée sur le lieu même la célèbre abbaye de Prémontré, dont saint Norbert fut le premier abbé, et que les sires de Coucy dotèrent richement.

Les murs du donjon ont à la base sept mètres d'épaisseur ; dans cette épaisseur est pris l'escalier conduisant au faîte. Trois étages successifs, dont les voûtes se sont effrondées sous le coup de mine de Métézeau, et n'ont point été rétablies ; jadis, lors de notre première visite, il y a quarante ans, hélas ! le regard s'élevait librement jusqu'au ciel, encadré et conduit par cette gigantesque cheminée ; depuis lors, une voûte en charpente a été aménagée au sommet : le coup d'œil est moins pittoresque, mais c'est un commencement de réédification que personne ne saurait blâmer. On peut d'ailleurs procéder à cette restitution supposée, en prenant pour guide l'architecte Androuet du Cerceau, qui vivait en la seconde moitié du XVI° siècle, avant la ruine systématique du donjon par l'ingénieur Métézeau ; dans son ouvrage : ***les plus excellens bastimens de France***, du

Cerceau nous a laissé des dessins du château de Coucy, notamment du donjon.

Le rez-de-chaussée, voûté d'ogives, affectait la forme d'un dodécagone dont chaque côté se creusait en forme de niche ; ici un puits, là une cheminée ; au sommet de la voûte, un vaste *oculus* pour assurer la communication avec les étages supérieurs ; çà et là subsistent quelques traces de fresques décoratives. Même disposition au premier étage. Le second, d'après le dessin de du Cerceau et l'habile restauration idéale de Viollet-le-Duc, présentait une disposition magnifique : également voûté d'ogives à douze pans, ceint de balcons en bois à la hauteur de trois mètres, il constituait une merveilleuse salle de réunion où pouvait s'assembler, à la voix du seigneur, la garnison tout entière. Et cette garnison n'était pas de force médiocre : Enguerrand III avait toujours avec lui 50 chevaliers, ce qui suppose un total de 500 hommes d'armes en temps ordinaire ; les caves et magasins étaient aménagés pour la subsistance d'une garnison de 1000 hommes pendant une année entière. Cette salle superbe, dont le pavé est malheureusement effondré, mais dont il nous est loisible de faire le tour en suivant le balcon, nous pouvons la reconstituer en pensée, éclairée par le demi-jour des fenêtres à meneaux, le châtelain au centre donnant ses encouragements et ses ordres à la foule des hommes d'armes réunis autour de lui, et, pendant ce temps, les provisions, les armes, les projectiles montant incessamment, d'étage en étage, à travers les *oculus*, jusqu'à la plate-forme supérieure.

Nous y montons, l'instant après, par l'escalier à vis. Le rempart est crénelé ; un large chemin de ronde permet de le longer intérieurement ; mais ce crénelage est récent : il me souvient d'une époque où le visiteur intrépide, point sujet au vertige, pouvait se hisser sur le couronnement, large d'un mètre environ, et y cheminer autant que le lui permettait la solidité du pied et de la tête. Je me rappelle encore une barre de fer scellée extérieurement dans la muraille, non loin du faîte, et s'avançant horizontalement dans le vide ; sans doute jadis avait-elle supporté les hourds. Or, un beau jour, joyeuse compagnie s'était rendue de Compiègne à Coucy, on avait sablé le Champagne au sommet du donjon ; et voilà qu'excité par quelque pari, un jeune officier des brillants Lanciers de la Garde se penche en dehors du couronnement jusqu'à atteindre la barre de fer, s'y cramponne, et, abandonnant son point d'appui, s'élance dans le vide, sans toutefois lâcher la barre protectrice ; puis, ainsi suspendu, exécute un rétablissement fantastique qui le ramène au point de départ. On a voulu sans doute prévenir le retour de semblables folies ; désormais l'accès du couronnement de la tour est clos et interdit, et le visiteur doit se contenter de cheminer à l'abri le long des créneaux.

Le magnifique donjon subsistait dans son intégrité, lorsque Louis d'Orléans prit possession du château, au début du XV° siècle. A cette époque, la véritable habitation du seigneur était le donjon. Mais le temps avait marché, certaines habitudes de luxe s'étaient introduites : la grosse tour, sombre, triste et incommode, fut abandonnée sauf en cas de guerre (1) ; on

---

(1) Louis d'Orléans fut le premier, nous dit Viollet-le-Duc (*Dictionnaire de l'Architecture* T. V. p. 85), qui sut allier aux agréments d'une habitation seigneuriale, les dispositions défensives adoptées à la fin du XIV° siècle dans les demeures de la féodalité.

éleva sur les dépendances au pourtour de la cour, la grande salle du tribunal dite des *Neuf Preux*, parce qu'on y voyait dans des niches les statues des neuf guerriers les plus célèbres du moyen âge (1) ; de plus, on aménagea la salle des *Neuf Preuses*, dont les figures étaient sculptées en ronde bosse sur le manteau de la cheminée : du Cerceau nous en a conservé le dessin. Un boudoir accompagnait la salle des Preuses : le galant duc d'Orléans sacrifiait volontiers aux mœurs élégantes et raffinées de l'époque. — Aujourd'hui, de toutes ces constructions annexes, il ne reste que ruines, pans de murs lézardés, pierres éparses, çà et là quelque motif de sculpture ; les quatre tours demeurées debout et le donjon gigantesque semblent monter la garde sur ce champ de dévastation qui ne fut pas sans gloire.

La petite cité, dans sa vaste enceinte, n'a pas un millier d'habitants ; elle est presque déserte, peu foulée par le visiteur. L'église, en son ensemble, est du XVIe siècle ; toutefois la façade à trois pignons et le joli portail en plein cintre surbaissé sont du XIIe. Il convient de noter encore un joli hôtel du XVIe dit la Maison du Gouverneur, où, suivant la tradition, Gabrielle d'Estrées aurait donné naissance au duc de Vendôme.

Tant de splendeurs déchues, de ruines où se forme la philosophie de l'Histoire, nous ont profondément émus : on ne quitte point Coucy sans regret.....

Le chemin de fer nous entraîne à Laon. Ici encore une

---

(1) La fantaisie de l'artiste y introduisait même les héros de l'antiquité hébraïque, grecque ou romaine; Hector, Josué, Scipion, Judas Macchabée, César y coudoyaient Charlemagne, Roland et Godefroy de Bouillon. Le même éclectisme présidait, sans doute, à la représentation des Neuf Preuses.

ville qui tient large place dans nos Annales. Elle fut pour un temps la résidence des rois carolingiens : sous Louis d'Outremer, elle constituait à elle seule le domaine royal ; une tour détruite en 1831 conservait le nom de ce roi énergique et vaillant, dont le règne ne fut que lutte contre ses vassaux. Bâtie sur une colline allongée, qu'entaille profondément la Cuve Saint-Vincent, Laon prenait fatalement une haute importance civile et militaire : l'Evêque de Laon, pair du royaume, avait à lutter contre ses vassaux qui voulaient se constituer en commune ; la Royauté soutenait ce mouvement libéral ou l'entravait, selon qu'elle y trouvait son intérêt. A la fin de l'Empire, dans la Campagne de France, c'est ici que vint se briser la fortune de Napoléon. Au début de la guerre de 1870, Laon fut encore le théâtre d'une catastrophe, plusieurs centaines de nos soldats tombant victimes d'une folie patriotique, l'explosion d'une poudrière, au moment où l'ennemi faisait son entrée dans la place.

L'accès de Laon n'est point facile, et nuit à la prospérité de la cité. La voie ferrée longe la colline à la base ; un tramway à vapeur en escalade les pentes ; que le touriste enchaîné par d'autres soins le laisse partir, force lui est de se hisser, en plein midi, par un escalier droit de 200 marches. Une fois au sommet, il n'a plus qu'à se laisser aller.

Sur ce perchoir allongé, les attractions archéologiques se massent en deux groupes à chaque extrémité. — D'abord la Cathédrale, magnifique édifice gothique des XIIe-XIIIe siècles, en forme de croix, un mur droit tenant lieu d'abside. Viollet-le-Duc (*Dictionnaire de l'architecture*, T. II, p. 308) veut voir dans cette abside carrée ayant remplacé une abside demi-circulaire, le résultat des fréquents rapports que les évêques de Laon, au XIII⁰ siècle, entretenaient avec l'Angleterre; en effet, les cathédrales anglaises de cette époque, à l'encontre de celles de notre pays, possèdent généralement une abside carrée. Point de chapelles latérales dans le plan primitif: deux seulement, chapelles circulaires à deux étages, aux extrémités des bras du transsept. Quatre clochers privés de leurs pyramides, lesquelles existaient au plan initial, donnent à l'édifice l'aspect d'un château-fort, avec je ne sais quelle physionomie guerrière et rude, reflétant l'époque où naquit l'édifice, lequel est contemporain de l'établissement de la commune à Laon.

Une observation bien topique que formule Viollet-le-Duc, auquel on ne saurait trop emprunter, car il a tout vu et sait tout, quelles que soient ses menues erreurs de détail, — c'est combien l'existence des Cathédrales était intimement liée à la vie publique. Pendant de longues années, elles sont presque autant laïques que religieuses ; jusqu'au XIII⁰ siècle, on y tient des assemblées, on y représente des Mystères, on y plaide, on y vend ; les divertissements profanes tels que la *Fête des fous* n'en sont pas exclus. Les cathédrales grandissent, alors que les abbayes déclinent; l'évêque, en rivalité avec l'abbé, en fait sa chose propre ; il est en cela soutenu par la population, par le pouvoir central. La cathédrale est populaire, parce que, située en plein centre de la cité, elle frappe les yeux d'une manière immédiate, parce que son action est mêlée à toutes les phases de l'existence humaine ; nous voudrions l'oublier, que tous les souvenirs de notre vie protesteraient. L'abbaye au contraire, souvent isolée en pleine campagne, ne s'impose pas directement à la conscience du peuple; on oublie volontiers l'influence bienfaisante et préservatrice que les moines ont exercée, tout au moins dans les premiers siècles. Et la conséquence de ce fait est encore visible : c'est qu'à la Révolution, nombre d'abbatiales ont été détruites de fond en comble, par haine religieuse ou simplement par vil motif de spéculation, sans opposition des populations voisines, tandis que les cathédrales ont pu être mutilées dans le détail, mais la majeure partie d'entre elles subsistent encore debout en leurs grandes lignes.

Revenons à la cathédrale de Laon, dont cette digression philosophique nous a quelque peu écartés. La façade en est singulièrement riche dans ses détails d'ornementation, originale dans sa conception : trois porches sur le même plan donnent accès à chacune des trois portes, et au dernier étage des tours, des statues colossales de bœufs en marbre blanc se profilent aux angles, s'étalent dans les entrecolonnements, comme s'ils se préparaient à faire au visiteur les honneurs de leur habitation aérienne. L'idée est bizarre, mais s'explique historiquement. L'accès de la colline de Laon fut toujours pénible ; les pierres pour la construction de la cathédrale durent être hissées sur des chars traînés à grand renfort de bœufs. L'abnégation de ces bêtes dévouées, et surtout le service rendu parurent à nos ancêtres dignes d'être consacrés par un souvenir durable ; de là les singuliers profils qui se présentent dès l'abord à tout visiteur.

En arrière de la cathédrale, le Palais de Justice est installé dans l'ancien Evêché. Une belle galerie de cloître le précède ; à l'intérieur, une ancienne chapelle à deux étages, antérieure à la cathédrale, chaque étage comprenant une nef et deux collatéraux, avec abside demi-circulaire. La chapelle basse renferme un musée lapidaire intéressant ; nous y notons un beau bas-relief en marbre blanc représentant Gabrielle d'Estrées. — Non loin de là, la jolie Chapelle des Templiers du XIIe siècle, comprenant un porche à pignon aigu, une rotonde octogonale surmontée d'une coupole, et une abside cintrée. L'ensemble est étrangement original, d'un aspect exotique, quelque chose comme un reflet de l'architecture syrienne, que l'Ordre aurait rapporté en France ; suivant certains dires, la coupole aurait été bâtie sur le modèle du Saint-Sépulcre. — Enfin, dans le même quartier, la Porte d'Ardon, d'antiquité vénérable.

A l'autre extrémité de la ville, l'église Saint-Martin, jadis abbatiale, du XIIe siècle, sauf la façade du XIVe flanquée de statues mutilées, présentant au tympan d'intéressants bas-reliefs, et surmontée de deux tourelles octogonales couronnées de calottes. A l'intérieur, deux belles tombes avec statues couchées, l'une en pierre noire d'un sire de Coucy du XIIe siècle, l'autre du XIVe d'une abbesse Jeanne de Flandre.

L'Hôtel-Dieu, qui fut abbaye de Prémontrés, remonte pour la majeure partie de sa construction au XVIIIe siècle ; l'escalier principal, élégant et hardi, a grand air. Au palais abbatial est accolé un charmant petit édicule, pavillon ouvert sur trois de ses faces, soutenu par des colonnettes, décoré aux armes de l'Abbé-Duc. De fait, à la fraîcheur du soir, au centre d'un merveilleux jardin, le repos en ce gracieux *buen-retiro* devait être délicieux : *otium cum dignitate*.

Enfin, contiguë à la muraille gallo romaine, la vieille Porte Saint-Martin ou de Soissons, du XIIIe siècle, masssive construction militaire flanquée de deux grosses tours. La niche pour statuette pieuse, la rainure de la herse, les meurtrières sont encore bien apparentes. L'intérieur est dans le plus triste état de délabrement, et ne permet guère l'ascension de l'étage.

Nous en avons fini avec la visite de la ville, du moins dans ses parties essentielles ; et le touriste, fatigué de beaux monuments, las de la promenade sur un pavé pointu, avec des alternances de soleil brûlant et d'averses torrentielles, cherche quelque endroit pour se délasser, et jouir en même temps d'une vue plus reposante. L'enceinte des vieux remparts, convertie en un parapet utilitaire, lui offre refuge à souhait. A mes pieds et à perte de vue se déroule un magnifique panorama : c'est la plaine tout entière de Laon, dans la direction de Soissons, parsemée de villages et de bouquets de bois, paisible et riante aujourd'hui, mais où se déroula les 8 et 9 mars 1814, un des plus sanglants épisodes de notre histoire.

Blücher marchait sur Paris ; il apprend que Napoléon, après avoir arrêté et contenu les Autrichiens sur l'Aube et sur la Seine, s'avance au-devant de lui à marches forcées. Il sait ce qu'il en coûte d'essuyer ses coups de boutoir ; le système des Alliés est bien convenu : aller de l'avant tant qu'ils n'auront en face d'eux que des lieutenants, se dérober quand le grand homme entrera en ligne ; donc Blücher bat en retraite vers Laon. Mais une place est là, Soissons, qui commande le passage de l'Aisne et la route directe vers le Nord ; elle est occupée par les Français ; cet obstacle va forcer le vieux Maréchal à opérer vers l'Est une retraite excentrique, dans laquelle il court risque d'être surpris par l'Empereur. Ses lieutenants heureusement veillent pour lui : Bülow se présente avec son corps d'armée ; il fait sommer le gouverneur de la place, général Moreau, le menace d'un bombardement terrible, de toutes les rigueurs de la guerre. Moreau se laisse intimider, et, après vingt-quatre heures seulement d'hésitation et d'attente, pendant lesquelles la garnison a manifesté les dispositions les plus courageuses, il capitule. L'armée de Blücher peut traverser le pont de Soissons ; la route de Laon lui est ouverte, il échappe à un désastre inévitable.

Le 7 mars se livre la sanglante bataille de Craonne ; Blücher se replie sur Laon, dont il a étudié les positions, et qui va lui offrir un point d'appui inébranlable. Dès le 8 au matin, nos troupes sont en position au pied de la colline ; elles disputent avec acharnement à l'ennemi les faubourgs de Semilly et d'Ardon, avant-postes de la défense ; une compagnie de Jeune Garde parvient à se hisser sur le plateau, mais elle est culbutée ; la mitraille ennemie pleut dans l'entonnoir de la Cuve Saint-Vincent ; nos troupes écrasées doivent se replier.

Napoléon compte sur l'aide de Marmont dont le corps a, dans la journée, opéré sa jonction avec l'armée, et qui le flanque sur sa droite ; demain, à l'aide de ce surcroît de forces, on reprendra la lutte. Mais le duc de Raguse, distrait et imprévoyant, a mal établi ses cantonnements, ses troupes sont dispersées, se gardent mal. A la tombée de la nuit, le corps prussien d'York descend sur le village d'Athies, surprend dans leur premier sommeil nos soldats épuisés, les culbute et les égorge ; le reste du corps d'armée tourbillonne, se précipite et s'enfuit, et la poursuite s'acharne contre eux dans les ténèbres. Un détachement de Chasseurs à pied de la Garde survient heureusement ; avec leur aplomb de vieilles troupes, nos braves arrêtent l'ennemi au défilé de Festieux, et le troupeau des fuyards s'écoule. N'importe ; le *hurrah* d'Athies était pour le corps de Marmont un véritable désastre : 3.000 hommes tués ou disparus, soit le tiers de son corps d'armée ; le reste désorganisé ; son parc d'artillerie, 45 bouches à feu sur 53, au pouvoir de l'ennemi...... L'Empereur pouvait à peine songer à renouveler l'attaque ; il le fit cependant au cours de la journée du lendemain, mais sans succès ; l'armée dut se retirer. Soissons, Laon lui avaient été funestes, et ces deux journées entraînèrent la chute de l'Empire.

Tels sont les souvenirs que le touriste évoque en sa mémoire, à la vue de l'immense plaine de Laon. A mes pieds, les faubourgs de Semilly et d'Ardon si vaillamment disputés ; à droite, la Cuve Saint-Vincent où la Jeune Garde fut héroïque ; à gauche, dans la plaine, Athies, Festieux, qui virent la déroute de Marmont. Pensées lugubres, qui ne sont plus de l'Archéologie, mais bien de l'Histoire, une histoire vécue, dont beaucoup d'entre nous ont vu le retour.

A Soissons, nous nous retrouvons encore dans l'ancienne France. Ville importante à l'époque gauloise, Soissons concentre en elle ce qui reste en Gaule de la domination romaine ; les derniers patrices, Aétius, Ægidius, Syagrius y résident ; elle voit le triomphe de Clovis, la lutte entre Austrasie et Neustrie. Louis-le-Débonnaire y est humilié et emprisonné. Puis cette importance sommeille ; la ville est, une des premières, englobée dans le domaine royal capétien. Place forte de médiocre valeur, elle joue cependant, nous l'avons dit, un rôle décisif dans la campagne de France, et subit un bombardement en 1870. Aujourd'hui, ses fortifications sont démantelées ; la ville s'étend au pourtour, et acquiert une importance refusée à Laon sa voisine. Elle conserve toutefois en son centre le calme et la physionomie du temps passé, de précieux monuments archéologiques, des souvenirs vivants de notre histoire.

La cathédrale, des XIIe-XIIIe siècles, présente un beau portail mutilé, inachevé, que domine une seule tour carrée, la symétrique faisant défaut, ornée en ses angles de statues et de dais admirablement sculptés. Les deux transsepts diffèrent l'un de l'autre : le transsept sud est arrondi, et flanqué d'une chapelle circulaire, comme à Laon ; le transsept nord, postérieur, se termine normalement par un mur droit ; le chœur est accompagné de cinq chapelles circulaires et de huit chapelles carrées. Ce n'est point là, pas plus qu'à Laon, la cathédrale-type ; il y a encore, dans les plans, hésitation et incertitude ; il faut, pour la trouver, aller à Amiens, à Chartres, à Reims ; lisons Ruskin, lisons Huysmans, et nous comprendrons.

Saint-Jean-des-Vignes, bien que ruiné en majeure partie, offre le plus haut intérêt par sa façade des XIIIe-XIVe siècles demeurée intacte : deux beaux clochers gothiques de 70 et 75 mètres de hauteur, et une rosace veuve de ses vitraux, à travers laquelle se jouent air et lumière. Les ruines ont leur beauté, a-t-on dit maintes fois avec raison, et cet immense *oculus*, s'ouvrant au milieu de la façade, découpant une vaste rondelle de ciel bleu, ajoute encore à la sveltesse des tours qui pointent merveilleusement vers la nue. En arrière, et latéralement à la façade, les débris d'un cloître somptueux soutiennent une construction puissante, massive, qui conserve de jolis motifs architecturaux, un louvre décoré, une frise délicatement sculptée : là fut jadis le palais abbatial.

Peu de chose subsiste de la vieille abbaye Saint-Médard, transformée en Etablissement de Sourds-Muets. Les quatre églises successives qui, sur le même emplacement, portèrent le nom du Saint, ont disparu. La première, élevée en 560, reçut, outre le corps de Médard, venu de Noyon, ceux du roi Clotaire et de son fils Sigebert ; ruinée au début du IXe siècle, elle fut reconstruite par Louis-le-Débonnaire, incendiée et détruite en 886, rétablie seulement en 1131. Cette troisième église subsista jusqu'en 1568, et tomba victime des guerres de religion ; celle qui la remplaça fut à son tour détruite en 1793. Que de ruines entassées dans un espace exigu, auxquelles la main des hommes a pris la plus large part ! Il n'en subsiste que la crypte, laquelle a été l'objet de longues et savantes discussions, les uns voulant en faire remonter la date au VIe siècle, les autres la ramenant au XIe ; il semble que la date véritable de la construction doive en être reportée vers 840, au début du règne de Charles-le-Chauve.

Sans vouloir prendre part à cette discussion, nous relèverons la forme très particulière de la crypte : une galerie centrale coupée à angle droit par sept autres nefs de même largeur et de même hauteur, et, à chaque extrémité de la galerie, une chapelle carrée dont l'entrée est très étroite. Chaque nef transversale présente, creusées dans la paroi, des niches de formes diverses, les unes en plein cintre, d'autres en tiers-point ou en cul-de-four, ou encore se terminant par un arc trilobé et un cordon de fleurs entr'ouvertes, que soutiennent deux gracieuses colonnettes. Dans ces dernières niches sculptées au XIII⁰ siècle, se trouvaient avant la Révolution les statues de Clotaire et de Sigebert. — Les dimensions sont de 27^m,90 et 16^m,30 de longueur et largeur totales pour l'édifice, 19^m,70 et 2^m,80 de longueur et largeur pour la galerie centrale.

Telle est cette crypte vénérable, intéressante au point de vue archéologique, d'une solidité de matériaux à toute épreuve, plus intéressante encore par son ancienneté, par les souvenirs historiques qu'elle évoque. On a voulu y placer le cachot où Louis-le-Débonnaire subit sa détention après la condamnation de 833; mais tout d'abord l'incertitude qui règne au sujet de la date de la construction de la crypte, gêne singulièrement cette hypothèse ; ensuite, il résulte des textes que la prison du malheureux Empereur ne fut pas un cachot souterrain, mais un bâtiment au niveau du sol. Pour cette raison doit-on écarter de même un petit édicule grossièrement construit, à demi enfoui sous terre, et voisin de la crypte, qui est habituellement indiqué aux visiteurs comme ayant servi de cachot à l'impérial détenu. En réalité, et d'après les documents de l'époque, la véritable prison de Louis devait être très voisine, et peut-être même faire partie de l'ancien Palais des Rois de France, bâti près de l'enceinte du monastère de Saint Médard ; or ce palais avait disparu depuis longtemps avant le XVII⁰ siècle. Ainsi s'écroulent les légendes ; l'érudition moderne en est l'impitoyable destructrice, heureuse quand elle le fait sans parti pris, et surtout quand au système précédemment adopté, elle en peut substituer un autre plus solide, plus plausible !

La route de retour vers Paris nous ménage encore deux puissantes attractions : une abbaye, Longpont ; une forteresse, la Ferté-Milon.

Longpont, une des filles de Citeaux, fut fondée en 1131 dans une solitude boisée, sillonnée d'eaux courantes, le site habituel que choisissaient les disciples de Saint Bernard. Aujourd'hui, la solitude est riante et animée ; une voie ferrée la sillonne ; de longue date, un village a surgi près du monastère ; le palais abbatial a été converti en un élégant château qu'avoisine un beau parc. La ruine n'a donc rien de sinistre, et se présente au visiteur sous un aspect majestueux et imposant tout à la fois. — Victime du vandalisme révolutionnaire, l'église a vu s'effondrer ses voûtes ; elle est percée à jour, mais du moins elle conserve sa puissante ossature ogivale, sa façade au pignon aigu surmontant une énorme rosace, ses gigantesques contreforts, et certains piliers élancés soutenant les arceaux non encore effondrés. C'est une superbe ruine, dont la majesté fait regretter davantage ce que nous a fait perdre la fureur dévastatrice des hommes.

Accolé à l'édifice, le palais abbatial sauvé du marteau démolisseur, est merveilleusement entretenu par la famille de Montesquiou-Fézenzac qui en a fait son habitation. De précieux souvenirs familiaux, trésors historiques et artistiques le décorent ; c'est une belle demeure du XVIIIe siècle, véritable musée, où le pinceau de Nattier a fait merveille. — Au dehors, n'ayons garde d'oublier la porte fortifiée du XIIIe siècle, qui formait de ce côté clôture de l'abbaye ; elle est tout-à-fait charmante avec ses quatre tourelles en poivrières, et précède dignement la vieille abbatiale dont la ruine majestueuse se dresse en face du visiteur, dès qu'il a franchi la voûte:

La Ferté-Milon est la dernière étape archéologique d'une quinzaine bien remplie. Petite ville au pavé raboteux, qui eut la bonne fortune de donner le jour à notre grand tragédien Racine. Le doux poète est là, debout, en bordure de la rue, abrité sous un maigre édicule ; il est coiffé d'une ample perruque, drapé d'un vaste manteau romain qui, par bizarre anachronisme, laisse complètement à découvert les bras et le buste. Sous un climat humide, à la rigueur duquel s'ajoute en ce moment une pluie pénétrante, le pauvre grand homme grelotte et nous apitoie ; et cependant la statue n'est pas sans mérite : elle est de David d'Angers; mais le sculpteur était de son temps, c'est-à-dire d'une époque où la vérité historique était insuffisamment respectée.

Deux églises intéressantes, Saint-Nicolas du XVe siècle, Notre-Dame, moitié romane, moitié Renaissance ; passons : une attraction plus décisive nous attend au sommet de la colline. C'est la puissante forteresse construite à la fin du XIVe siècle par Louis d'Orléans. Ce prince brillant et lettré, fils du Roi Charles V et chef de la faction des Armagnacs, avait reçu en fief le comté de Valois ; pour tenir tête à son puissant rival Jean de Bourgogne, il entreprit de mettre en état de défense efficace les places de son comté, lesquelles commandaient les abords de la capitale. De là ce réseau de forteresses entre l'Oise, l'Aisne et la Marne, Verberie, Béthisy, Crépy-en-Valois, Vez, Villers-Cotterets, Oulchy-le-Château, Braisne, Nanteuil-le-Haudoin, Gesvres, et pour réduits les trois puissants châteaux-forts de Coucy, Pierrefonds et la Ferté-Milon. Nous avons déjà vu les deux premiers ; nous abordons aujourd'hui le troisième.

Du château de Louis d'Orléans, qu'avait précédé une forteresse féodale de date incertaine, la façade seule subsiste, grandiose, et donnant une idée de ce que pouvait être le château dans son intégrité. Au centre, la porte d'entrée, surmontée d'un grand arc ogival et d'un bas-relief sculpté en une niche rectangulaire. L'interprétation de ce bas-relief a depuis longtemps attiré et dérouté les archéologues : on a voulu y voir des Saints, ou les Vertus cardinales, ou bien encore quelques-unes des *Neuf Preuses*. Deux puissantes tours rondes flanquent la porte, et présentent à l'agresseur une arête proéminente ou *bec saillant*, procédé usité dès la fin du XIIIe siècle, dans le but d'agrandir la zône de protection des tours, et d'en écarter le mineur (1).

A droite, à gauche, sur le même plan, des portions de courtine se prolongent jusqu'aux tours d'angle. Les quatre tours sont demeurées intactes, sauf celle du Nord, éventrée de la base au sommet. — Derrière cette merveilleuse façade, superbe décor de théâtre, plus rien que des ruines, qu'il ne serait point facile de restituer. Viollet-le Duc qui s'en est occupé, et plus récemment encore le général belge Wauwermans

---

(1) Le *bec saillant* avait plusieurs avantages : — 1° il augmentait considérablement la force de résistance de la maçonnerie de la tour, au point où l'on pouvait tenter de la battre avec le mouton ou de la saper ; 2° il défendait les courtines, en étendant les flancs des hourds qui se trouvaient ainsi se rapprocher d'une ligne perpendiculaire aux remparts ; 3° en éloignant les pionniers, il permettait aux défenseurs placés dans les hourds des courtines, de les découvrir suivant un angle beaucoup moins aigu que lorsque les tours étaient circulaires, et par conséquent de leur envoyer des projectiles de beaucoup plus près.
— Telles sont les énonciations de Viollet-le-Duc,*Dictionnaire de l'Architecture* T.1, p. 376, et il en fournit la preuve géométrique.

qui, à la suite du Congrès archéologique de Soissons-Laon en 1887, lui consacrait une intéressante notice, ne l'ont pas essayé; les éléments subsistants sont insuffisants pour asseoir même des suppositions. D'ailleurs, la mort du Duc en 1407 vint interrompre la construction, elle ne fut point terminée. Les Bourguignons s'emparèrent de la forteresse en 1411, puis les Anglais; rentrée dans l'obéissance du roi de France, elle fut plus tard aux Ligueurs, jusqu'à ce qu'Henri IV en ordonnât le démantèlement.

Il faut prendre le chemin du retour; mais l'archéologue, semblable en cela au Petit Chaperon rouge du conte de Perrault, aime à butiner les fleurs qu'il rencontre sur son passage. Une de ces attractions se présente à lui dans une région bien rapprochée de nous, en une ville qui fut bourguignonne en différentes époques de son histoire; je veux parler de Tonnerre. Certains d'entre nous la connaissent assurément, elle m'avait échappé jusqu'à ce jour; on monte en express, et l'on n'a plus d'autre objectif que d'arriver au but; cette fois, j'entends combler une lacune, et peut-être ne déplaira-t-il pas à mes lecteurs d'accepter cette visite comme épilogue. J'avais d'ailleurs, comme but spécial, un pèlerinage à la maison du Chevalier d'Eon, ce personnage à double face, *modo vir, modo mulier, modo miles, modo legatus*, qui fut l'étonnement du XIII° siècle, et dont le nom subsiste à l'état d'énigme historique; mais ceci fournira la matière d'un autre travail.

Laissant l'Armançon couler paresseusement au pied de sa colline, Tonnerre en escalade les pentes jusqu'à la vieille église Saint-Pierre, qui se dresse au sommet sur une esplanade. A mi-chemin, l'église Notre-

Dame, longtemps fermée au culte pour défaut de solidité, mais rouverte depuis 1890. Plus bas, longé par un bras de l'Armançon, l'Hôtel-Dieu, qui est à Tonnerre la pièce capitale, et qui pour nous, Bourguignons, évoque des souvenirs auxquels une récente souscription nous a trouvés sensibles.

L'Hôtel-Dieu fut bâti de 1293 à 1296 par Marguerite de Bourgogne, petite-fille du Duc Hugues IV, reine de Naples et de Sicile, Comtesse de Tonnerre, et belle-sœur de Saint Louis. Estimant le vieux château, qui s'élevait au sommet de la colline, trop éloigné de ses malades, elle se fit construire un logis contigu à la grande salle (Ernest Petit, *Histoire des Ducs de Bourgogne de la 1ère race capétienne*, T V. p. 136. Non seulement fondatrice, mais encore bienfaitrice de l'établissement, elle a laissé un souvenir de vénération auquel tous, historiens et archéologues rendent hommage. — De son œuvre, la grande salle formant chapelle subsiste seule, avec quelques dépendances ; elle a fait de la part de Viollet-le-Duc l'objet d'une étude approfondie (*Dictionnaire de l'architecture*, T. VI, p. 107 et suiv.) dont nous détacherons quelques passages.

L'aspect de cette salle produit une impression de grandeur indéfinissable résultant simplement des dimensions de l'édifice : 18 m. 60 de largeur sur 88 mètres de longueur, depuis le porche jusqu'au sanctuaire. Elle était en effet précédée d'un porche qui a disparu, et se termine par une abside pentagonale sous voûte que précédait un jubé également démoli. Point de piliers, point de chapelles latérales, rien que les murailles nues supportant une magnifique charpente de chêne en berceau plein cintre légèrement surbaissé, ledit berceau s'élevant à 20 mètres de hauteur au-dessus du sol. Dans cette immense salle dont la disposition rappelle volontiers celle de notre Hospice de Beaune, quarante lits étaient alignés sur les deux côtés, chacun d'eux enfermé dans une véritable chambre enclose de panneaux de bois, à air libre, avec galerie circulant à hauteur du premier étage pour permettre aux religieuses d'exercer leur surveillance.

Ce magnifique bâtiment était malheureusement froid, humide et malsain; dès 1650, les malades durent en être retirés pour être placés dans un local nouveau construit sur la rue. La grande salle subsistant à l'état d'église, fut jusqu'en 1790 un véritable cimetière où plus de deux mille corps furent inhumés ; de nombreuses pierres tombales en font foi. On y célébrait régulièrement l'office, l'église voisine de Notre-Dame ayant dû être pendant longtemps, à la fin du siècle dernier, fermée pour cause de réparations ; aujourd'hui encore, on y dit la messe une fois l'an, à l'anniversaire de la fondatrice.

Depuis longtemps l'édifice était battu en brèche par la municipalité tonnerroise; il était déjà question de le démolir en 1868, à l'époque où Viollet-le-Duc le décrivait ; il fallut, dit-il, toute l'insistance de la Commission des monuments historiques pour en obtenir la conservation ; mais les idées fâcheuses, une fois émises, germent et ne se déracinent pas facilement. Quoique régulièrement classé, le monument n'a pas cessé d'être menacé ; la municipalité actuelle en sollicita le déclassement en vue d'y établir un marché. Heureusement une vive opposition surgit, à laquelle nos Sociétés dijonnaises apportèrent leur appoint; une souscription s'ouvrit, des sommes importantes furent réunies, et l'Etat fournit un très notable concours qui permit d'entreprendre la restauration d'une façon régulière. Actuellement la toiture a été refaite, la restitution des vitraux se poursuit, des travaux d'assainissement sont à l'étude ; on compte cette année rétablir la voûte, le dallage ; les grands tombeaux sont également à réparer. On n'a encore aucun projet définitif pour la destination à donner à l'édifice une fois complètement restauré : la bibliothèque de la ville, le musée, les collections, tout cela actuellement fort à l'étroit, y trouveraient, semble-t-il, utilement asile ; peut-être le conservera-t-on uniquement comme intéressant souvenir du passé. En tout cas, une Commission locale l'a pris sous sa sauvegarde effective, et y veille ; on peut donc en ce moment le considérer comme sauvé ; puisse-t-il l'être définitivement, pour la gloire de notre architecture nationale et le souvenir d'une pieuse reine !

Le chœur offre une trilogie de sculptures qui méritent de fixer un instant notre attention. — C'est tout d'abord, au centre et comme il convient, le tombeau de la fondatrice, un socle de marbre blanc sur lequel est assise la Reine couronnée par la Charité : œuvre moderne, qui a pris la place du monument primitif, lequel consistait en une statue de bronze couchée sur un sarcophage : par un acte de triste vandalisme, le bronze fut fondu en 1793 pour en faire des canons. — A gauche, le tombeau de Louvois par Girardon. Le ministre qui fut dur à tous, qui mourut à la veille d'une disgrâce royale, mais qui du moins sut, lui aussi, *organiser la victoire ;* celui dont on disait dans le moment : « personne ne l'aimait, mais tout le monde « le regrette », ne fit que passer aux Invalides ; il en fut enlevé nuitamment pour être relégué en l'église des Capucines de la place Vendôme, puis au Musée des Petits-Augustins, et finalement, à l'Hôtel-Dieu de Tonnerre en 1819. Guindé à une hauteur démesurée sur un gigantesque sarcophage de marbre noir, le personnage, statue de marbre blanc, est à-demi couché, dans une pose théâtrale, costume de cour, n'ayant rien perdu de sa majesté ; à ses pieds, une femme agenouillée, Anne de Souvré Marquise de Louvois, prie les yeux levés au ciel ; au niveau du socle, et de chaque côté, deux figures en bronze : l'une, la Sagesse, Minerve casquée, lance à la main ; l'autre la Vigilance. L'effet produit est bizarre, tant par la juxtaposition de couleurs différentes, que par la faible dimension du sujet principal, relégué si haut sur un piédestal démesuré. — Enfin, dans un petit réduit à droite du chœur, un remarquable Sépulcre du XVe siècle. L'œuvre n'est point aussi connue qu'elle le mérite ; le demi-jour dans lequel elle est enfouie en rend l'examen assez difficile ; aussi me permettra-t-on d'en parler avec quelques détails.

Il y aurait toute une étude à faire, et non des moins intéressantes, sur les représentations sculptées de la Mise au tombeau du Sauveur, ces représentations le plus souvent désignées sous le nom de *Sépulcres*. La Bourgogne, spécialement la Côte-d'Or, à Châtillon, à Semur, à Pouilly-en-Auxois, apporterait son contingent. Ce travail d'ensemble a été entrepris il y a trois ans par un archéologue parisien, M. l'abbé Bouillet, et j'ai eu la bonne fortune de lui en fournir quelques éléments en ce qui concerne notre province.

Les artistes du Moyen-âge ont étudié avec prédilection la Passion du Christ. Ils ne se sont pas arrêtés dans cette voie, et ont envisagé de même la Passion de la Mère du Sauveur ; aux Sept Joies de la Vierge

sont venues se réunir, à la fin du XIV° siècle, les Sept
Douleurs ; de là ces nombreuses *Pietà*, *Vierges de
Pitié*, c'est-à-dire la Vierge portant son fils mort sur
ses genoux ; parfois on y joint d'autres personnages
en groupe, ceux qui ont accompagné le Christ dans
sa Passion. La Mise au tombeau est le dernier acte
du drame, et nos artistes ne pouvaient manquer de
la représenter ; ici encore, la Vierge est la figure
principale. — Des recherches récentes faites à ce sujet (*Revue des Deux Mondes* du 1er Octobre 1905, l'*Art
français au moyen-âge*, *l'Apparition du pathétique*,
par M. Emile Mâle), il résulte que le plus ancien Sépulcre à personnages portant date certaine, serait celui
de l'Hôtel-Dieu de Tonnerre ; il fut édifié en 1453 aux
frais d'un marchand de ladite ville, Ancelot de Buronfosse, par deux *imaigeurs* élèves de Claus Sluter,
dénommés Jehan Michiel et Georges de la Sonnette.
L'ordonnance est la suivante : autour du corps du
Christ, étendu et merveilleux d'exécution, n'ayant
point encore la rigidité de la mort, ayant au contraire gardé une certaine souplesse, sept personnages sont groupés, soit, à chaque extrémité du
sarcophage, deux vieillards vus de profil, maintenant le cadavre étendu sur le linceul ; puis, de face,
et rangés sur une seule ligne en des attitudes diverses,
la Vierge soutenue par Saint Jean, deux Saintes
Femmes, et un homme richement vêtu, la tête encha-
peronnée, Joseph d'Arimathie ou Nicodème. Sur ces
différents visages sont exprimées toutes les nuances
de la douleur ; mais sur celui de la mère doit se lire
la désolation suprême, et ce n'était pas une difficulté
médiocre à vaincre. Nos artistes bourguignons,
n'ayant peut-être pas une confiance absolue dans leur
science, s'en sont tirés en voilant le visage de la

Vierge, ou du moins en le dissimulant à demi dans l'ombre du manteau relevé sur la tête ; ainsi ont-ils procédé à Tonnerre, et encore à Souvigny en Bourbonnais, à Avignon ; et ce visage s'enfonçant dans la nuit, sous la cagoule de pleureuse, revêt un aspect tragique.

Insistons sur ce point que la Vierge est le personnage essentiel. A Tonnerre, ce sentiment est indiqué avec une sobriété touchante, sans autres éléments que l'attitude consolatrice de Saint Jean, et le visage pâmé de la divine Mère disparaissant en partie sous la cagoule. Il en est de même à Chaource en Champagne, où les femmes, visages inclinés, yeux baissés, demeurent immobiles, toute l'action résidant en l'expression morale. A Solesmes encore, la Vierge, prête à défaillir, se maintient debout par un effort suprême de résignation. A Souvigny, Saint Jean et l'une des Saintes Femmes ont pris chacun une des mains de la Vierge, sans que leurs regards à tous cessent de converger vers le Christ. — Mais, plus les années s'écoulent, plus l'artiste s'ingénie pour attirer sur la Vierge toute l'attention : à Eu par exemple, elle s'évanouit et tombe lourdement dans les bras de saint Jean, épisode dramatique assurément, mais qui enlève à la scène sa beauté d'immobilité et de silence ; et l'on ne s'arrête point dans cette voie d'exagération. Revenons à la simplicité primitive, au type ou *canon* du XVe siècle, tel que nous l'offre le Sépulcre de Tonnerre, tel que nous le retrouvons, du moins en ses éléments essentiels, dans la majeure partie des représentations postérieures.

Il est intéressant de comparer au Sépulcre de Tonnerre, les deux figurations venues après lui que nous offrent les églises de Semur et de Châtillon, de noter au Sépulcre de Semur, de la fin du XVᵉ siècle, l'expression bourgeoise et populaire que présente la douleur des principaux personnages, et celle de naïve compassion des comparses qui leur font cortège ; de relever à celui de Châtillon, où se fait déjà sentir l'influence de la Renaissance, l'habileté de l'exécution et le caractère plus mondain des physionomies, prises sans doute sur des modèles vivants ; les personnages nous y apparaissent distribués en groupes comme dans un salon. — Parfois on signale, au voisinage immédiat du Sépulcre, la présence de deux soldats debout ou endormis. Primitivement ils sont accolés au monument ; avec le temps, ils s'en dégagent et s'en éloignent en des attitudes caractéristiques. Au Sépulcre de Châtillon, ils se tiennent postés aux portes comme pour faire le service d'entrée : l'un, Juif respectable et débonnaire, élève une torche avec intention d'éclairer les visiteurs ; l'autre, sergent d'armes au type rébarbatif, roule des yeux féroces et brandit une dague comme pour en percer un intrus. Au magnifique Tombeau de Saint-Mihiel en Lorraine, sculpté par Ligier Richier au cours du XVIᵉ siècle, la fantaisie se donne encore plus libre carrière : chacun des personnages a son action individuelle ; les soldats ne montent plus la garde, mais, suivant la tradition, ils jouent aux dés la robe du Christ sur un tambour. Ici se dégage surtout la personnalité de l'artiste ; il fait merveilleusement montre de son talent, mais il nous laisse en même temps regretter la modestie de l'ordonnance primitive, et le mutisme de la scène où les personnages, enfermés en eux-mêmes, semblent converser avec leur cœur — Le Sépulcre de Tonnerre est donc un ancêtre, et, à ce point de vue, les détails que nous avons tenu à donner ne paraîtront sans doute pas inutiles.

Souvent le donateur demandait à être enseveli dans la chapelle même de l'œuvre. A Tonnerre, ce n'est pas Ancelot de Buronfosse, mais son descendant *Guille* ou Guillaume ; la pierre tombale, encadrée d'une élégante ornementation Renaissance, présente un cadavre au chef pourvu d'une abondante chevelure, mais pour le surplus réduit à un état voisin du squelette. Sur le ventre s'ouvre une incision béante ; le long des cuisses perlent des gouttes de liquide. L'intention du sculpteur a-t-elle été de figurer un cadavre embaumé ou momifié ?... Quoi qu'il en soit, la représentation est étrange, et méritait d'être signalée.

Nous en avons fini avec les attractions tonnerroises. On nous permettra cependant de saluer à l'Hôtel de ville un beau portrait du Maréchal Davout par Gauthreot, dont l'original est aux Galeries du Palais de Versailles, et d'indiquer, pour mémoire seulement, la Fosse-Dionne, peu connue peut-être des visiteurs : une vasque circulaire, primitivement simple fontaine, convertie depuis deux siècles en lavoir public. Sise à une extrémité de la ville, en contrebas de hautes murailles qui soutiennent le quartier supérieur de la cité, ceinte d'un appentis reposant sur de vieux poteaux, elle présente, malgré sa destination vulgaire, une physionomie tout-à-fait originale et pittoresque ; pour un peu, le touriste non averti voudrait au premier abord chercher à l'édifice une origine plus ancienne que de raison. Tel est du moins le travers des archéologues, dont la passion de fouilles et de découvertes, si elle est mal gouvernée, s'expose parfois à de fâcheuses confusions.....

Et maintenant, pour donner à ce trop long récit de touriste une conclusion pratique, je vous demanderai simplement, Messieurs, de constater avec moi que notre vieille France offre, sans les chercher bien loin, des richesses de toute nature dignes du plus haut intérêt. Nous les ignorons en bonne partie, et sommes souvent mieux familiarisés avec celles du dehors ; mais l'étranger sait les trouver et les admirer ; il rend pleine justice à notre pays, et reconnaît volontiers que nulle contrée au monde ne présente un pareil ensemble de beautés pittoresques et artistiques. C'est la terre où il fait bon vivre, quand nous ne prenons pas nous-mêmes à tâche de gâter les douceurs de cette existence. Puissions-nous puiser dans cette constatation une raison majeure d'aimer notre patrie !

www.ingramcontent.com/pod-product-compliance
Lightning Source LLC
LaVergne TN
LVHW051513090426
835512LV00010B/2512